THE ART OF GRIEF
어딘가 아름다운 기분

THE ART OF GRIEF
어딘가 아름다운 기분

우아민

나를 줄곧 떠나지 않는 갑갑함과 아릿함,
이 낯선 감정에 나는 망설이다가
슬픔이라는 아름답고도 묵직한 이름을 붙인다.

프랑수아즈 사강, 「슬픔이여 안녕」

09　　어딘가 아름다운 기분

15　　당신들 모두 잠에서 깼을 때

19　　고요하고 신중한 미움

27　　숨어있기의 역사

35　　마음을 집으로 데리고 가기

43　　기도가 시작되는 순간이에요

51　　주머니에 숨겨둔 죽음

59　　산타의 인형

65　　넝쿨 식물의 편지

71　　변덕스러운 진심

77　　우짜이, 우짜이

85	여름의 복숭아를 좋아하세요…
95	땅으로 떨어져도 꽃은 꽃
101	삶의 모든 돌담
109	이상하고 아름다운
115	똑같은 재즈 연주는 없다 단 한 번뿐
123	비포 유 고(Before You Go)
131	내 이름의 작은 신
139	우리는 노랑 분위기를 사랑해
145	너무 아름다워서 너무 불안해서
153	그저 기울이려 하는 것이라고
159	모든 질문이 슬픔으로 돌아가는 풍경

Prologue

어딘가 아름다운 기분

그해 겨울 숲에서 길을 잃었다. 나는 걷기 시작했다. 걷는 일이야말로 바닥에 닿는 일이라서, 무너진 울타리를 지나고 언 땅을 밟았다. 어느새 밤이 되고 주변이 어두워지기 시작하자 길 찾기란 불가능한 일처럼 여겨졌다. 나는 점점 커지는 새소리, 풀벌레 소리, 물소리를 따라 계곡으로 갔다. 물은 암자의 샘에서부터 흐르고 있었다. 아래로, 아래로 흐르다가 돌에 부딪히면 일순간에 부스러졌다. 물고기들이 마름모를 그리며 돌아나갔고, 큰 돌에는 크게 작은 돌에는 작게 거품이 일었다. 그러나 물은 흐를 뿐, 아무것도 할 수 없었다.

많은 사람의 가슴속에서 이런 상실의 흔적을 찾을 수 있다. 매일 함께 밥을 먹던 사람의 빈자리, 늙고 먹지 못하는 개를 보살핀 시간, 내년엔 꼭 보자던 친구의 부고처럼 우리를 부스러지게 만드는 흔적들. 걷고 있으면서도 길을 잃은 듯한 마음이 드는 것을 우리는 '슬픔'이라고 부른다.

롤랑 바르트는 그의 어머니 앙리에트 벵제가 죽은 다음 날부터 애도 일기를 썼다. 그는 상실의 슬픔을 이렇게 설명한다. "줄어들지 않는 것, 소멸하지 않는 것. 그러니까 시간에 굴복하지 않는 것, 카오스적인 것, 종잡을 수 없는 것. 그러니까 순간들(슬픔의 순간/생에 대한 사랑의 순간), 그것이 일어났던 그 순간처럼 지금 여기에서도 똑같이 생생한 순간들(1977.11.29)" 그에게 어머니는 대체할 수 없는 존재였기에, 그의 생은 어머니를 잃기 전과 후로 나뉜다. 그는 '아무런 거부감 없이 나 자신의 죽음에 대해서 생각(1977.10.27)'한다. 상실을 통해서만 알게 되는 선택이 바르트에게도 내게도 있었다.

슬픔은 겪어보지 않고는 모른다. 겪어보지 않은 사랑, 겪어보지 않은 아름다움처럼. 언젠가 우리가 겪어보지 않은 슬픔에 대해서 실컷 이야기할 수 있다면 어떨까. 당신이 갈 곳을 잃고 정처 없이 걷고 있을 때, 따뜻한 음식을 나누어 먹는 손과 충고의 말 대신 안아주는 온기, 끝없이 들어주는 두 개의 귀가 있어 스스럼없이 슬픔을 말할 수 있다면. 그런다면 우리는 슬픔을 함께 겪은 것은 아닐지라도 함께 헤아린 것이다. 헤아린다는 건, 별도 달도 없는 밤에도 앞으로 나아갈 수 있다는 말이다.

섬에서 은둔하는 동안, 나는 슬픔을 헤아려 준 사람들을 만났다. 이 책은 2020년부터 2022년까지 제주 동쪽 마을에서 기록한 스무 편의 애도 일기다. 하루는 슬픔이 바위만 하게 내 몸을 짓누르고, 하루는 슬픔이 공깃돌처럼 굴러다니면서 내 머릿속에 있었다. 아침에 죽음을 생각하고, 점심에 파티에 가고, 저녁에 차를 마시는 날들. 풀꽃을 꺾다 바다로 걸어 들어가고, 머리서기 하다 수면제를 삼키기도 했다. 슬픔에 대해 생각한 날들은 결국 의미가 없는 곳에 의미를 넣는 희망으로, 무의미한 삶이라도 살아달라는 기도로 나를 이끌었다. 온몸이 부스러지면서도 돌을 지나쳐 흐르는 물처럼. 돌이켜보면 슬픔을 말하려다가 사랑이나 아름다움만 실컷 나누느라 새로운 생이 시작되었는지도 모른다.

쓰는 내내 쥐고 있던 돌을 책상에 올려두었다. 이제 당신의 돌, 당신의 슬픔에 관한 이야기를 들려주면 좋겠다. 아마도 우린 슬픔을 이해할 수는 없겠지만, 슬픔을 삶의 곡선으로 매만지려는 시도 속에서 어딘가 아름다운 기분이 들기도 할 것이다. 이 아름다운 기분이 우리 자신을 구원할 것이라고 믿는다.

2023년 겨울 뭍에서
우아민

Too Much Sunshine

당신들 모두 잠에서 깼을 때

"그건 잠이 밀리는 거예요."
요새 잠을 너무 많이 잔다는 내 말에 의사는 적당히 무심하게 대답한다. 필요한 말만 뺀 모든 말들이 오가고, 나는 진료실 문을 나선다. 아픈 사람이 멀쩡해 보이려 애쓰는 것은 농담 같다. 매번 증상도 대화도 다른데 처방이 같다는 것도. 나는 내가 아프다는 걸 확인하러 오는 건가 아프지 않다는 걸 확인하러 오는 건가. 뭐가 되었든 확인을 확인하러 오는 것은 분명했다. 대기실을 가득 메운 사람들도 사실 안심하고 싶어서 병원에 오는 것은 아닐까. 지구에 존재하는 사람 중에 아프지 않은 사람이 있나. 다 미병(未病)〈 상태가 아니었나. 열흘 동안 5kg이 빠졌다. 파리한 몸으로 진료실에 들어섰을 때 그가 처음 했던 말이 기억난다.
"병원에 꼭 와야 할 사람들은 잘 안 오고요. 상처받은 사람들만 찾아와요."

〈 한의학에서 병이 되진 않았지만 되고 있거나, 불편한 증상을 호소하는 상태.

Gangnam 478

고요하고 신중한 미움

1월. 냄새 때문에 점점 잘려 나간다는 은행나무에 마른 가지가 매달려있다. 구글 지도에는 안 보이는 작은 상점들. 나는 중고 바이닐샵에서 기웃거리다가 빵집으로 홀린 듯 걸어 들어가 양 볼 가득 마들렌을 물고 나왔다. 조금 더 걸으면 사람들에게 잊힌 듯한 빨간 우체통이 나오는데, 내게는 곧 화실에 도착한다는 반가운 신호였다. 희끗희끗한 80년대식 타일 건물. 유리문에 '실화' 두 글자가 붙어있다.

    화실 화장실에는 벌레가 자주 출몰했다. 건물의 나이를 생각하면 그럴 수 있는 일이라 창문을 열어 벌레가 탈출할 길을 만들어주곤 했다. 대부분 순식간에 자취를 감춰버렸는데, 바퀴벌레는 예외였다. 마치 제 역사는 이 건물과 함께이고 너는 곧 사라질 존재라는 듯 고요하고 신중했다. 바퀴는 변기 뒤쪽 바닥의 어둠 속에서 긴 더듬이를 미세하게 움직였다. 그 모습을 응시하는 내 목덜미에도 공포가 더듬더듬 올라왔다. 내가 아는 바퀴는 몸통이 반으로 잘려도 전진하고, 여차하면 날개를 가위처럼 펴는

호전적인 종족이었지만 고요한 바퀴는 무게감마저 느껴졌다. 나는 반사적으로 슬리퍼 한쪽을 벗어들었다. 다른 벌레처럼 창문을 열어줄 수도 있었지만 죽이려고 했다. 바퀴를 왜 죽여야만 하는지 모르는 채 죽여야 한다는 생각만 있었다.

7월. 거리의 은행나무는 돌보지 않은 묘처럼 무서운 속도로 무성해졌다. 나는 그 사람의 잘못을 그 사람이 책임지도록 하고 싶었다. 변호사는 그가 내게 한 잘못이 더러운 짓이라고 유창하게 말했다. 경찰은 그에게 훈계한 기록을 남겼고, 검찰은 벌금으로 계도했다는 서면을 보냈다. 처벌의 근거로 언급되는 이유들, 그를 미워해야 마땅하다는 이유들을 나는 들었다. 내가 사랑한 사람이 나를 가해한 사람이 되는 것은 기이하다. 그 사람의 잘못을 설명하고 들으면서 왜 내가 수치심이 드는걸까. 그들이 사리에 맞는 일을 했다는 걸 의심하지 않는다. 다만 한 사람의 사정을 사건 안에 압축해서 사무적으로 '처리'하지 않는 윤리에 대해 생각했다. 나는 그 모든 비난의 말들을 마음의 바닥에서 더듬거렸다. 고요하고 신중하게.

법원 주차장에는 자동차들을 수호하듯 은행나무가 늘어서 있다. 바람이 불어 잎끼리 부대낄 때마다 바퀴벌레 날갯짓하는 소리가 났다. 그 소리 아래에서 나는 자주 어지러웠고 머릿속에는 화실 생각이 맴돌았다. 화장실 창문의 뻑뻑한 마찰음, 변기 뚜껑에 붙은 펭하!스티커, 시멘트벽에 붙여놓은 꽃 그림, 유리문 글자를 읽는 장난스러운 표정들… 법원을 나와 은행나무를 등지고 섰을 때, 나는 어지러움을 견디며 그 사람을 생각했다. 이제 나의 무의식에서 바퀴벌레는, 그를 의미했다.

1월의 그는 내게 '삶'이었다. 그를 떠올리면 삶의 모든 이야기가 재생되었다. 그 사람 생각을 멈추는 것은 삶이 멈추는 일이었다. 7월의 그는 1월의 그와 같은 사람이었지만 다른 사람이 되었다. 그는 나빠서 잘못된 행동을 저지른 건가 아니면 잘못된 행동을 해서 나쁜 사람이 된 건가. 잘못을 처벌한 후에도 사는 동안 혐오해야 할 사람인가. 복잡했다. 모든 일이 그렇듯이.

어디로 튈지 모르는 바퀴벌레보다 내가 두려운 것은 혐오였다. 사실 나는 바퀴벌레를 무서워하는 편도 아니고, 고양이를 키우거나 화실 건물의 청결을 책임져야 하는 입장도 아니었다. 단지 바퀴는 혐오스러우므로 죽어 마땅하다고 여겼다. 그런 식으로 내게서 배제하고 죽인 것들을 생각해 본다. 전철역 플랫폼 위에 비둘기, 장판 밑에서 나오는 개미 떼, 쩝쩝거리며 먹는 직장 동료, 깃발 들고 단체로 모인 사람들… 모두 존재를 섬세하게 상상해보지 않고 '그냥 싫은' 혐오의 마음이었다. 그런 마음은 대개 단색이었다. 우리 편은 옳은 사람, 남의 편은 나쁜 사람이란 진영 논리처럼 단순하지만 확신에 찬 혐오의 색. 그 혐오가 사람을 향하는 것이 두렵고, 사랑을 향하는 것은 내 탓인 것만 같았다.

어떻게 사랑을 미워해야 하는지 나는 잘 모르겠다. 모르는 건 사람을 두렵게 하니까 조금은 알 것 같은 사실을 믿기로 한다. 사람이, 사랑이 그렇게 단순한 색일 리 없다. 눈물의 색, 기쁨의

색, 미움의 색, 연민의 색… 모든 색의 빛이 모인 흰빛에 가깝지 않을까. 그 빛의 파동으로 서로가 서로에게 닿기도, 들리기도 한다는 것을 나는 믿는다. 그래서 변기 뒤쪽 바닥 같은 어둠에서도 잠식되지 않고 나의존엄을 비출 수 있는 것이라고.

나는 눈을 감고 바퀴벌레를 생각했다.

그리고 닫힌 창을 열었다.

Porz Goret

숨어있기의 역사

숨어있기의 역사는 숨바꼭질부터 시작된다. 숨바꼭질. 술래인 아이가 눈을 가리고 숫자를 세는 동안 나머지 아이들은 꼭꼭 숨었다가 술래가 모두 찾아내면 끝나는 놀이. 나는 단체 게임에서 대부분 깍두기였지만 숨바꼭질에서는 시라소니 같은 어린이였다. 같은 편에 폐를 끼치지 않고 결정도 패배도 혼자 겪으면 된다는 점이 나를 용감하게 만들었달까. 장소를 은밀하게 바꿔가면서 설마 여기에? 하는 틈에다가도 몸을 구겨 넣었다. 땀으로 흥건해진 손바닥을 거푸 바지에 닦고, 심장이 귀에서 펄떡이는 것 같았지만 숨어있는 동안은 묘하게 안전한 기분이었다. 내가 나를 보호하고 있는 기분. 끝내 나를 찾지 못한 술래가 "못 찾겠다 꾀꼬리"를 외쳐도 못 들은 척 조금 더 숨어있던 건 비밀.

골목이 모두 사라진 도시를 전전하면서 나는 맞지 않는 토양에 식목된 것 같았다. 건물과 건물을 실뜨기하는 전깃줄처럼 이 건물에서 밥을 먹고 저 건물에서 잠을 잤다. 이따금 돈을 내고 식물을 구경하러 갔다. 식물이 사는 빌딩은 사방이 유리라서 모든 것을 반사하다 사람의 욕망을 비추기도 했다. 사회는 내 최선과는 무관한 것으로만 이루어진 것이 아닐까. 자신이 겪은 부당함을 대물림하는 선배, 오랜 노하우를 몇 마디 부탁으로 편취하려는 동료, 요구하는 의식과는 상충하는 문화를 가진 회사, 동네를 함부로 대하는 이웃들로부터 나는 숨고 싶었다. 숨고 싶은 충동은 서서히 곪다가 진물이 터지고 온몸을 펄펄 끓게 만들었다. 응급실에 누워 멍하니 떨어지는 수액을 보는 밤이면 천장에 틈을 만드는 상상을 했다. 아무도 나를 찾지 못하고, 안전하게 숨을 수 있는 틈을. 그 틈에 내 몸을 구겨 넣고 싶었으니까.

숨고 싶은 충동은 어김없이 찾아왔다. 지난 6월에 나는 그와 정말로 이별했다. 플라타너스 잎이 바람에 흔들리고, 참새가 오디를 쪼아먹고, 햇빛 아래 간간이 손부채를 부치는 날이었다. 그 초여름에 나는 자주 호수공원을 걸었다. 걸을 땐 도시의 소음이 싫어 이어폰을 끼는데, 평소에 듣던 음악 대신 다큐멘터리를 들었다. 알아듣지 못하는 영어 내레이션과 동, 식물 소리가 답답한 안부들—"좀 어때? 괜찮아?"—로부터 나를 숨 쉬게 해주었다. 그 소리에 무심코 빠져들어 회화나무에서 노래하는 분수까지 걷고 또 걸었다.

야생에서 늑대를 마주친 카리부들은 호수로 달아납니다. 사방이 트인 곳에선 위험 요소를 알아챌 수 있죠. 탁 트인 호수에선 카리부가 늑대보다 빨리 달릴 수 있습니다. 그래서 늑대는 카리부들을 다시 숲으로 몰아갑니다. 몰아가는 동안 카리부들을 시험합니다. 무리에서 이탈하는 약한 녀석을 찾기 위해서죠.'

사랑하는 것을 잃은 사람은 삶에서 이탈한 사람이다. 나를 둘러싼 사물이, 사람이, 낮과 밤이 나의 상실과는 상관없이 나를 지나쳐 가는 것을 지켜본다. 그러다 잊혀진 줄 알았던 감정들—마음의 상처와 모욕, 따져 묻고 싶은 원망, 알 수 없는 공허, 오래된 후회들—이 무서운 기세로 밀어닥치면 무작정 걷는다. 걷는 동안에는 내가 풍경을 지나쳐 가니까. 밤이 되면 너무 많은 꿈들—너무 많이 쫓기는 꿈, 너무 많이 쫓아가는 꿈, 너무 많이 소리치지만 목소리가 안 나오는 꿈, 너무 많이 좁은 곳에서 나가려는 꿈—이 나를 피로하게 만들었다. 그러면 벌떡 일어나 집안을 강박적으로 청소했다. 문득 뭔가를 잃어버린 듯한 기분이 들었는데 아무리 쓸고 닦아도 그게 뭔지 알 수 없었다. 그건 영영 찾을 수 없는 기분이었다.

우리는 시끄러운 펍에서 뛰쳐나와 강변을 걷고 싶거나 파티에서 사람들과 어울리면서도 집에 있고 싶은 기분을 안다. 타인으로부터 깊은 상처를 입고 이해받지 못한다는 생각이 들거나 불안전한 상태가 오래 지속될 때 숨고 싶어지기도 한다. 물리적인 상태만이 아닌 마음의 상태가 혼자 있기를 결정하는 것은 나와 주변 사람들 사이에 친밀함과는 관계없이 자신을 보호하고 싶은 욕구이다. 이 당연한 욕구를 따라 우리 자신을 보호하지 못할 때 우리는 불행해진다. 파스칼은 우리들의 불행은 거의 모두 자기 방에 머물러 있을 수 없었던 데서 생긴다고 했다. 불행이 자기만의 방에 있지 못하는 데서 온다면, 행복은 자기만의 방에 있을 때 온다는 뜻이 된다. 슬픈 사람은 자기만의 방이 필요하다. 카리부가 위험 요소를 알아차리기 위해 호수로 가는 것처럼 그곳은 내게 슬픔을 알아차리는 공간일 것이다. 쉬고 싶은 공간이기도 하다. 휴식은 슬픔을 긴밀하게 도와야 하므로.

좋아, 숨어있을 계획을 세우자. 나는 이 슬픔이 서서히 곪아가다 사랑을 피부로 느끼지 못할까 봐 두렵다.

외딴 섬에 가상의 로빈슨 크루소처럼 혼자 갇혀서 자신의 운명을 스스로 결정하는 중재자가 되었을 때, 여성이 개인으로서 소유한 것이 무엇인가 생각해야 합니다. 이런 상황에 부닥친 여성의 권리란, 자신의 모든 능력을 다 발휘해 안전과 행복을 지키는 것입니다."

제주행 편도 비행기. 착륙을 알리는 안내방송에 내 이마를 창에 가져다 대었다. 청명이란 단어가 섬이라면 제주겠지. 고층 아파트 없는 수평의 땅, 바깥은 바다밖에 없는 섬. 이토록 아름답고 혼자인 섬을 바라보면서 나는 안전해진 기분이 들었다. 차를 몰아 공항에서 1시간 떨어진 동쪽 마을로 향한다. 마을 입구에 불 꺼진 해녀회관을 지나 파도의 뒤척이는 냄새와 어두운 그림자들이 일렁이는 골목에 들어선다. 무밭에 둘러싸인 작은 돌집. 돌집 앞에 나는 돌처럼 서서 숨바꼭질을 시작한다. 온기도 없고 소리도 없는 빈집을 혼자 청소하고 있는 사람. 그 사람을 부르며 비밀인 듯 말했다.

"숨어있는 동안 슬퍼했으면 좋겠어."

흰 고양이가 스쳐 갔다.

(Steven Price외 2인, 〈Our Planet〉, 2019, Silverback Films, Netflix
((엘리자베스 케이디 스탠턴, 재커리 시거 엮음, 박산호 옮김, 「자아의 고독」, 『어떤 고독은 외롭지 않다』(2022), 인플루엔셜

The Sheltering Sky

마음을 집으로 데리고 가기

돌집이 진동하고 있다. 섬의 바람은 수평으로 분다. 어긋난 문틈으로 바람이 들이칠 때마다 낡은 방문이 요동친다. 다급한 누군가가 문을 두드리는 소리 같아서 나는 기도하듯 향을 피운다. 사람의 소리는 없고 휘어지는 나무, 피신하는 고양이, 세간살이 쓰러지는 소리로 가득하다. 마을 사람 모두가 집안에 살아있지만 바람 때문에 영혼이 꺼져버려서 빈집이 된 건 아닐까. 집은 혼자 밤을 견디고 있다.

섬의 밤을 어떻게 보내야 하는지 모르겠다. 낮은 너무 짧고 밤은 언제까지나 계속될 것만 같다. 물을 끓이고 해괴(解塊)한 찻잎을 개완에 넣는다. 차가 충분히 우러나길 기다리는 동안 서재에서 그림책을 한 권 꺼낸다―책 속으로 숨어들 수 밖에―. 파란 배경에 붉은 얼굴을 한 사람이 거울을 들고 자신을 보고 있다.

우리 마음은 어디에 있을까? …마음은 우리가 살고 있는 집과 같아. 마음의 집에는 문이 있어. 어떤 사람은 문을 아주

조금만 열고 어떤 사람은 활짝 열어 두지. 문을 아예 닫고 사는 사람도 있단다.'

파란 페이지가 '마음의 집'이라고 말하는 순간 나는 조금 울고 싶어졌다. 엄마가 그리울 때 엄마라고 말하면 울고 싶어지듯이. 그림 검사에서 마음의 집을 그린 적 있다. 집은 그린 사람의 숨겨진 정서와 관련된 태도를 알 수 있다고 했다. 지붕은 정신생활, 창문은 외부 환경과의 상호작용, 문은 대인관계 태도, 수풀은 정서적 보호 욕구를 의미한다. 내가 그린 집은 정교하고 뾰족한 지붕, 높은 창문 세 개, 문이 없고 나무 수풀에 둘러싸여 있었다. 사실 마음은 아무것도 아니었다. 마음은 내가 사는 동네도 아니었고, 나를 설명하는 명함도 아니었고, 옛날얘기를 안주 삼아 위스키를 나눠마시는 친구도 아니었다. 수많은 마음이 있었지만, 사람으로부터 감추고 뭉개거나 사람에게서 반사되었다. 정말이지, 마음은 아무것도 아니었다. 그러면서도 삶의 중요한 가치는 사랑이라는 허영을 가진 내 마음은 가난했다. 바람이 불고, 다시 돌집이 진동하자 문득 집 안의 모든 것이 검게 느껴졌다. 향이 꺼지고 전등은 빛을 잃은 것 같았다.

지난 1월의 겨울에도 거리의 모든 것이 검게 느껴졌다. 나는 크리스마스트리가 달린 볼펜을 바라보고 있었다. 담당 경찰관이 힐끗 펜을 보더니 멋쩍은 표정을 지었다. 그러고는 내게 집이 있느냐고 물었다. 안전하게 지낼 곳이 있느냐고. 거의 평생을 누구와 함께 살면서도 집이 안전한 곳이라고 느껴본 적 없었다. 위험이나 사고로부터 걱정 없는 것이 안전인데 사실 개인의 모든 재앙은 집으로부터 시작된다. 돌연한 이사나 갈등, 차별, 죽음처럼 크고 작은 불행들이. 특별히 내가 불행했다는 말이 아니다. 집은 머무는 눈길 같은 공간이었다는 말. 이어서 경찰은 내게 그 사람을 처벌할 의사가 있느냐고 물었다. 벌을 주겠냐는 질문은 이상하다. 피해자가 고통을 참는다면 가해는 없던 일이 될 수 있다는 말 같다. 가해는 어느 '정도'일 때 미비한 것이고 중대한 것일까. 피해가 작고 큰 만큼? 돌이킬 수 있고 없는 만큼? 그가 내 곁에 있는 동안 지붕과 벽이 생기고 안전한 집은 이런 곳이라는 걸 깨달았다. 나의 깊은 불안은 그를 만나기 이전으로 돌아갈 수 없었으나 그는 나의 가해자였다. 집은, 이제 해방된 삶이 있다는 것을 알려주면서 다시 어둠 속으로 걸어 나가야 한다고 문을 열었다.

> 그런데, 마음의 집은 가끔 주인이 바뀌곤 한단다. 어떤 날은 불안이, 어떤 날은 초조가, 어떤 날은 걱정이 내 마음의 집을 다스리지. 또 어떤 날은 네가 사랑하는 사람이 마음의 집 주인이 되기도 한단다. (

책장을 넘기자 붉은 손바닥이 보인다. 오른쪽 손바닥엔 나비 한 마리. 마음의 집은 주인이 바뀔 때 문 없는 집이 되는 게 아닐지. 어떤 주인은 그만 내보내고 싶어도 밖으로 나가지 않으니까. 아니, 나갈 수 없으니까. 나는 방 안의 그림자로 손 나비를 만들어 날린다. 그 사람과 내 집에 있던 마음들, 그 많은 마음은 어디에 있을까?

집은 돌, 흙, 나무, 철과 같은 것으로 만들어졌지만 마음의 집은 영혼을 닮은 재료로 만들어졌다. 사랑, 희망, 약속, 연대, 기도의 편린들로 만들어진 공간. 그곳은 우리가 삶의 어떤 지점에서 멈추고 싶어질 때—초라해서 숨고 싶을 때, 어디서부터 잘못됐는지 모를 때, 아프고 보호받고 싶을 때—회복할 수 있는 안식처가 되어준다. 바람이 수평으로 부는 밤에도 마음의 집에 불이 밝혀있다면 우리는 계속 걸을 수 있다. 그러니 집이 품은, 집을 떠올리면 붉어지는 눈가 같은 것은 어떻게 할까.

나는 집으로 돌아가겠다고 나섰지만, 집이 없었다.

아무리 걸어도 집이 없었다.

(김희경 글, 이보나 흐미엘레프스카 그림, 『마음의 집』(2010), 창비

Love is a Mystery

기도가 시작되는 순간이에요

그해 가을은, 하도 바닷가에 제 발자국이 수 놓였습니다. 바다 앞에 혼자는 오해받기 쉬워서 약속 있는 사람처럼 자주 시계를 봤어요. 다행히 바다는 말이 없었습니다. 문득 발자국이 사라지는 게 야속해지면 들이나 숲으로 갔어요. 울창 사이에 섞여 앉으려고요. 먼 들판에서 메밀꽃이 나풀거리고, 바라볼 때마다 그리운 마음이 드는 것을 어쩌지 못했습니다. 능선에 물결치는 억새를 따라 연민 같은 것이 일렁였지요. 눈부신 풍경을 마주칠 때 떠올릴 수 없는 얼굴만 남은 사람은 어떤 표정으로 살아야 할까요. 천진한 풍경 앞에서 지어야 할 표정을 잊었습니다.

　슬퍼할 겨를 없이 그 사람을 인생에서 도려낸 후 창밖의 귤을 보며 긴 잠을 잤습니다. 손 떨리는 모욕을 누르고 정신없이 업무를 처리하고서 버스 손잡이에 매달려 집으로 돌아왔을 때, 외투처럼 몸을 내려놓고서야 비로소 터져 나오는 울음 같은 것이었을까요. 정체되어 있던 슬픔이 몸에서 쏟아져 나왔습니다. 제 몸을 지지하고 있던 구조물이 툭 쓰러진 느낌. 약을 먹는 것은 병을 치료하기 위해서가 아닌 잠을 자고 싶어서였어요. 낮은 너무 길고 잠들어 있는 순간만이 무엇보다 편안해서요. 우주적인 어둠을 자주 생각했어요. 마음이 부서져 버린 사람은 우주적인 어둠이 필요해요. 그 속에서 웅크리는 동안 자기를 덜 미워하면 좋겠어요.

모든 표정이 말처럼 설명적이면 어떨까요. 사람의 표정을 말 대신 오래 응시하고 싶어요. 말에는 항상 실망이 묻어오기 때문입니다. 그만큼 많은 말을 했어요. 정신과 전문의, 상담심리사, 변호사, 경찰, 엄마, 언니, 친구… 수많은 말을 하고 때로 하지 않는 것으로 말했습니다. 그럼에도 불구하고 그 어떤 위로도 제 것이 아니었어요. 자주 돌아온 말은 '의지, 정신력, 지나간다.' 어쩌면 제 삶이 그들에게는 이해하기 힘든 유약한 어떤 것일지도 모르겠어요. 사람의 말은 자기도 모르게 남을 헤집고, 깊이 찌르거나 가르치려 드니까 내버려 뒀어요. 말을 내버려 두는 것으로 말에 저항했습니다.

너는 잃은 것도 잃을 것도 없다.

산에서 보내주신 문자를 보고 한참을 울었습니다. 모든 위로의 말이 제게서 썩어 버린 것은 슬픔을 말할 수 있는 언어가 없기 때문일까요. 슬픔으로 가득 찬 말 속에는 저 하나밖에 없어서 저는 저를 잃었습니다.

그때, 밤이었어요. 동네 사람들 모두가 말을 잃은 듯한 밤. 저는 깜빡 잊은 약속이 생각난 사람처럼 바다가 보이는 언덕 아래로 달렸지요. 하도 해변은 우주를 바다에 푼 것처럼 짙은 어둠이었어요. 저는 약속된 일을 하듯이 천천히 바다로 걸어 들어갔어요. 그건 삶을 따르기보다 의미를 좇는 일이었습니다. 사랑하지 않고는 견딜 수 없었던 삶이 떠올랐어요. 어떤 의미로든 사랑에 의존하는 삶이요. 때로는 의미 하나가 사람의 인생을 뒤흔든다는 걸 알고 계시겠지요? 사납게 요동치는 물살에 금방이라도 온몸이 부스러기가 될 것 같았어요. 거센 파도는 네 의지대로 되는 건 아무것도 없다고 나무랐어요. 마음도, 사랑도, 삶도 네 통제 밖의 일인 거라고. 여기서 죽어야 현실로 돌아가는 영화 속 장면처럼 다른 차원을 향해 쉴 새 없이 헤엄쳤어요. 정신이 물처럼 빠져나간다고 느꼈을 때 눈을 떴고, 응급실 흰 복도를 맨발로 걸어 나왔습니다.

인생의 어떤 우발적인 사건들은 나의 의지와는 무관하게 나를 관통해서 오지요. 그러니까 원하지 않았던 일을 어찌할 도리 없이 품고 살아야 하는 것. 그런 무력해진 마음으로 붙잡는 존재가 신인 것 같아요. 내가 말하지 않은 말도 듣고 있는 존재. 저는 수많은 신이 제게 와주었다고 생각합니다. 하도 해변에서 구해준 사람으로, 몇번이고 뭍으로 돌려보낸 파도로, 갓 지은 밥을 차려주는 친구로, 곁을 만들어 준 요가원으로, 오후 하늘에 뜬 무지개로. 도시 사람에게 무지개는 신기루 같잖아요. 친구에게 무지개 보고 소원은 빌었냐고 물은 적 있어요. 친구는 말했습니다. 나는 소원이 없으니 대신 네 소원을 빌어주겠다고. 이 사람이 신이 아니면 신은 어떤 모습일까요. 그 후로 몇 번의 계절이 지나는 동안 바다에 걸어 들어갔어요. 모든 발자국을 삼켜버리는 그 차갑고도 까만 물속으로. 거기에 말하고 싶지 않았지만 말하고 싶던 것들을 축축하게 쏟아냈어요. 파도가 뭍으로 다시 밀쳐내면, 벗어둔 신발을 신고 집으로 돌아와 잠을 잤습니다. 젖은 몸을 둥글게 말고.

자꾸만 슬픔에 굴복하는 저를 어떻게 지킬 수 있을지, 고통의 무의미 속에서 삶의 의미를 찾을 수 있을지 여전히 저는 모르겠어요. 다만 기도하는 마음으로 침묵하려 합니다. 스님이 하안거(에 들어가신 동안 저는 돌탑을 쌓았어요. 돌 하나, 하나를 쌓으면서 애도하는 사람처럼 목구멍을 조인 채 산책을 했고요. 마지막 산책에선 계곡물에 들어가 돌멩이 하나를 주워 왔어요. 흐르는 물 바닥에 엎드려 있는 돌. 그 돌에선 밤마다 침묵 소리가 났습니다. 기도는 대부분 그런 순간에 시작되는 것 같아요. 자꾸만 되돌아가는 어떤 순간들로부터. 하지 못했지만 사라지지 않는 말로부터. 아무도 이해할 수 없는 사적인 슬픔으로부터. 어딘가 제가 모르는 바다에서는 발자국이 수 놓이겠지요.

그해 가을은,

모두가 병든 사람 같았고

약해서 아프거나 약해서 잔인한 가을이었습니다.

(승려들이 여름 동안 밖에 나가지 않고 한방에 모여서 수행하는 일. 대체로 음력 4월 중순에서 7월 중순의 사이에 행한다.

Stay

주머니에 숨겨둔 죽음

섬의 곳곳엔 해녀들이 물질하러 들어가는 바닷길이 있다. 만조에 따라 나타났다 사라지기 때문에 때를 잘 맞춰야 산책하는 기쁨이 생긴다. 나는 애인을 기다리는 마음으로 그 때를 기다린다. 이끼 낀 땅을 좁은 보폭으로 걷다가 길 끝에 다다라서 고개를 들면, 아! 바다 다. 하늘과 바다가 맞닿은 수평선에 오로지 내가 있다. 나는 이런 곳을 발견하면 아무도 모르게 주머니에 넣어둔다. "거 죽기 딱 좋은 곳이네" 영화 속 대사를 흉내 내면서. 거기에 있었는데 깜빡할 새 모든 것을 삼키는 파도. 죽음은 모두 파도의 모습이었다. 석양처럼 가라앉는 죽음도 있었고, 폭풍우가 몰아치는 죽음도 있었다. 그러나 언제나 들이칠 뿐 선택할 수 있는 파도는 없었다.

남자는 독일에서 17년 만에 귀국하는 길이었다. 긴 비행과 수속을 마치고 한강을 건너 곧장 병원의 대리석 바닥을 밟았다. 그는 침묵에 잠긴 채 굳은 표정으로 움직였는데 뭔가를 지시받는 것처럼 보이기도 했다. 2층 진료실까지 걸어가는 동안 마주치는 모든 사람에게 고개 숙여 인사했다. 잘 다려진 재킷 윗주머니엔 중요한 순간마다 손에 쥐었을 만년필이 가지런하고, 가방에서 수첩을 꺼내 설명을 받아 적으면서도 틈틈이 고개를 들어 의사와 눈을 맞추었다. 자신을 위해 부랴부랴 입원 일정을 조율하는 간호사에게 "곤란하게 해서 미안하다"는 사과도 건넸다. 눈이 동그래진 간호사는 손사래를 치다가 점점 말끝이 그렁그렁해졌다. 그의 표정. 미안함 말고는 아무것도 없는 표정 때문이었다. 남자는 비소세포 폐암(NSCLC) 4기다.

오래 아픈 사람에게는 바다 냄새가 난다. 반건조한 한치, 토막 낸 생선, 무침용 해초 같은 소금 냄새. 슬픔이 잘 정제돼서일까. 사는 데 반드시 필요한 것만 품어서일까. 몇 년째 병실에서 아픈 삶이 반복되면 평생을 그렇게 살아온 것처럼 아픔에 절여진다. 그들에게도 건강한 날이 있었고 잘 닦인 도로를 달리던 날이 있었겠지만 그런 삶은 이제 전생처럼 낯설다. 2016년 사망한 암 환자 28만 명 중 21만 명은 병원에서 사망했다. 말기 암 환자의 90퍼센트는 병원에서 임종을 맞는다. 그런데도 암 환자의 병실에는 오고 가는 흔적이 별로 없다. 나는 바람도 없는데 사람이 시리고 쓸쓸해지는 모습을 짠 눈으로 지켜봤다. 그 적막한 해변에는 작은 파문이 일어야 할 것 같았다. 그들의 일상을 궁금해하고, 정해진 시간에 찾아가고, 환자용 간식을 선물하는 식의 잔물결이. 그러면 하나, 둘 로비의 소파로 나와 저마다 "내가 더 아프다", "내가 더 힘들어 죽겠다"라는 식의 대화를 이어갔다. 바다는 어제보다 또 어제보다 찰랑이고 있었다.

매일 아침 로비의 카페에서 남자와 마주쳤다. 그의 아침 일과는 창가에 앉아 서류를 읽는 것이다. 그리고 카페를 거쳐 가는 사람들에게 고개 숙여 인사하는 것. 누군가는 반갑게 마주 인사하고 누군가는 쌩하니 지나갔는데, 그는 어떤 반응을 바라는 것 같지는 않았다. 자신이 언제든 마음만 먹으면 냉소적으로 사람들을 대할 수 있는데도 늘 공손하게 대하고 있다는 느낌이면 되는 것 같았다. 그래서 종종 의료진의 반대에 고개를 끄덕이고서 아이스 라떼를 사 마신다—그럴 때면 내 몫의 커피도 미리 계산해준다—거나 보험사 직원에게 슈톨렌을 부탁—병실 사람들과 나누어 먹는다—하고, 불쑥 공원으로 산책을 다녀오기도 했다. 하루하루 눈썹 골이 드러나고 팔에는 바늘 자국이 늘어가던 날들. 그러나 자신이 죽어가고 있다는 사실에 익숙해지지 않던 날들. 남자는 톨스토이가 쓴 소설 〈이반 일리치의 죽음〉 속 이반 일리치 같았다.

〈이반 일리치의 죽음〉은 이반 일리치의 부고로 시작된다. 발인을 위해 방에 모인 사람들은 그의 동료였고, 그들 모두 이반 일리치를 좋아했다. 그리고 그들이 사망 소식을 듣고 가장 먼저 떠올린 생각은 이 죽음이 가져올 자신과 지인들의 자리 이동과 승진에 관한 것이었다. 그게 전부는 아니었다. 가까운 사람이 죽었다는 말을 들었을 때 누구나가 그렇듯 그들 역시 속으로 안도감을 느꼈다. '아, 그는 죽었지만 나는 이렇게 살아 있어!' 사람들은 타인의 죽음을 겪으며 자신은 여전히 살아 있음을 확인한다. "산 사람은 살아야지"라는 말로 삶을 보존할 궁리에 바빠지기도 한다. 나는 다를까. 나라고 타인의 고통을 내 손가락 잘린 듯 아파했을까. 타인의 죽음이 내 일상을 방해할 근거가 될 수는 없다고 여기지 않았을까.

그렇다면 삶은 고결한 것이 맞는가.

삶을 옹호하는 태도만이 옳다고 여겨서 우리는 죽음 앞에 절망하는지도 모른다. 죽음의 필연성을 마음속에서 완전히 몰아낸다고 해서 죽음이란 파도를 선택할 수 있는 것은 아니다. 죽음은 우리 삶에 켜켜이 묻어있고 나는 밀물과 썰물처럼 운동할 뿐 그날의 운명은 그날의 바람에 달려 있다. 바다의 법칙은 그렇다.

아침 해가 드는 로비의 카페. 창가는 주인 없는 빈 곳이었다. 남자의 병세는 석 달째 접어들면서 서서히 악화되었다. 입원 당시 이미 암이 여기저기 전이된 상태여서 적극적인 치료가 불가능했고, 고통을 덜고 편안히 지낼 수 있는 것이 치료의 목표였다. 얼마나 살 수 있겠냐고 묻던 가족들에게 주치의는 지금이 마지막 시간임을 알렸다. 남자의 앙상한 어깨와 손 위로 가족들의 체온이 포개졌다. 그의 아내가 눈을 감고 나즈막히 말했다.

"잘 자요, 여보."

남자의 신체기능이 0에 가까워지고 모니터의 가느다란 선은 진동을 멈췄다. 살아있을 때처럼 침묵에 잠긴 채 굳은 얼굴이었다. 그 얼굴의 곡선을 따라 눈물이 흘렀다. 아직 짜고 뜨거운 눈물이. 나는 이반 일리치의 죽음처럼 그가 고통을 벗어나 빛을 발견했기를 기도했다. 끝난 건 죽음이기를.

죽음이 일상을 헤칠 수 없다는 태도를 가진 남자에게 죽음의 존재는 중요하지 않았다. 들이치는 파도에 휩쓸리지 않았던 남자는 먼바다로 나아갔겠다. 흰 물결이 되었을까. 푸른 고래가 되었을까. 낮별 같은 산호가 되었을까. 무엇이든 품위 있는 무엇으로 찰랑일 것이라고 나는 믿는다.

바다는 다시 바다로 가득 찼다. 나는 연한 바람을 맞으며 아무도 모르게 주머니에 죽음을 숨겨둔다. 시계가 멈추고 파도가 들이치는 날이 오면 버티고 선 다리 대신 지느러미가 생기도록. 우리가 시작된 리듬에 몸을 맡기고, 파도의 노래를 안다는 듯이.

(김범석, 『어떤 죽음이 삶에게 말했다』 (2021), 흐름출판

Some Other Time

산타의 인형

어릴 때, 골목에서 노는데 언덕 아래 왼쪽 집 사는 애가 이런 모객을 한 적 있어요.
"산타의 인형 볼 사람 여기, 여기 붙어라! 다섯 명!"
나는 부리나케 손을 들어 선착순에 들어갔는데, 언니가 갑자기 뒷덜미를 잡으면서 너는 보면 안 된다는 거예요. 엉엉 떼를 써서 기어이 비디오를 보러 갔거든요. 그리고 지금도 그 순간을 후회해요. TV화면이 어두워지고 굿가이 인형공장에서 괴성을 지르며 처키가 부활했거든요. 내가 'ㄴ'을 '사'에다 가져가 들었던 걸까요. 그 애가 교정기를 해서였을까요. 다 내 잘못이에요. 크리스마스 선물을 딱 한 번 받아봤으면 산타는 없다는 걸 진작 알았어야 했는데.
어제는 서가를 새로 정리했어요. 시집은 흰색에서 보라색 순으로, 산문은 부드럽고 딱딱한 강도로, 소설은 좋아하는 작가부터, 예술은 시대, 철학과 인문은 화두, 그림책은 마음 가는 대로. 한 시절이나 계절을 함께 한 책은 다시 펼쳐봤어요. 밑줄은 많은데 기억나는 문장은 몇 줄 정도. 다른 책, 또 다른 책을 봐도 밑줄은 많은데 기억에 없어요. 그러니까 읽었다는 사실만이 있어요. 아름다운 것들은 운명처럼 왔다가 눈처럼 잊히나 봐요. 슬픔이나 잔혹함은 아무리 몸서리쳐도 새겨지고요.

여전히 꿈에서 불행이 재생돼요. 우리가 꿈을 꾸는 이유는 잊기 위해서라는데 그렇다면 슬픔은 꿈의 부엌 속 찬장이나 소파 밑에 웅크리고 사는 게 아닐까요. 잊혀야 하는 의무를 잊고 우리 안에 계속 사니까요. 잊히지 않는 게 산타, 문장, 눈, 신뢰, 기도와 같은 것이라면…

어떤 슬픔은 반드시 노래가 될까요.

Ellipse

넝쿨 식물의 편지

시골 마을의 고요는 폭풍우도 비껴갈 것 같아. 여전히 동쪽 바다에서 은둔하고 있어. 저녁 요가를 마치고 집으로 돌아오는 길, 오름의 실루엣을 바라보다가 산을 가진 사람의 마음은 어떨까? 이야기한 적이 있어. 친구의 친구는 능이가 자라는 산을 가지고 있대. 능이는 양식이 안되는 버섯이라 내 산에 오지 말라고 경고해놔도 사람들이 몰래 침입한대. 내 키가 버섯만 하던 어느 날이 생각나. 도자기값 대신 받아왔다며 나무상자를 금덩이처럼 안고 들어오던 아버지. 상자 속에는 능이가 시체처럼 누워있었어. 소고기보다 맛있는 버섯이라면서 손으로 찢어 내 입속에 넣어주셨지. 나는 도자기에 그려진 학처럼 입을 벌리고 우물우물 받아먹었어. 도자기는 아직도 고고하게 살아있을 텐데 버섯은 내 혈관 속을 우아하게 흘러 다니려나. 친구가 산을 가지고 싶냐고 물었어. 산을 오르는 게 거든했더라도 나는 숲을 선택했을 거야.

    주말엔 비자림을 걸었어. 비자나무 숲에는 버섯 대신 천남성과 뱀이 자란대. 나무들의 나이가 천년 가까이 되었다는데 몇 몇 뱀은 승천하지 않았을까? 숲을 걷다 보면 나무와 나무 사이 빨갛고 동그란 열매가 떨어져 있어. 그게 천남성이야. 입속으로 넣고 싶게 생겼고, 사약의 재료로 쓰이지. 그래서 사물의 본질을 꿰뚫어 보는 통찰이 중요한 거란다. 그러나 통찰은 학문이 아니니까 언어로 정교하게 표현한 표지판을 세워두면 좋겠어—위험! 보기보다 치명적입니다—나만 알고 나만 깨닫는 건 종교 같은 거야. 위험하고 좋은 건 같이 봐야지.

식물의 뿌리는 기묘하고 아름다워서 하루 종일 보래도 볼 수 있지 않니. 식물 내음이 나는 사람이 좋아. 너는 내게 동적인 다정이 필요하다고 말했지만, 말수가 적은 사람이라고 마음까지 조용한 건 아닐 거야. 어떤 사람은 입이 아니라 눈으로 말하기도 해. 식지 않고 오래 데워주는 다정은 그런 온도이지 않겠니. 고요하고 치열한 식물형 인간이 되고 싶다고 생각해. 어둡고 눅눅하고 침잠하는 땅을 딛고 밝은 빛을 향해 상승하는 뿌리처럼. 뿌리의 모양은 곧 가지의 모양이야. 뿌리가 복잡하면 가지도 복잡하고, 굵은 줄기가 있으면 굵은 직근이 있지. 이건 우리의 종(種) 내부에 식물이 새겨져 있다는 증거일 거야. 니체도 말했어. '인간은 높은 곳으로, 그리고 밝은 곳으로 올라가려고 할수록 그 뿌리는 더욱더 강인하게 땅속으로 파고들려 한다네. 아래쪽으로, 어둠 속으로, 심연 속으로, 악(惡) 속으로 뻗어나가려 하는 거지.'‹

비자나무는 아주 느리게 자라나. 그 기둥을 붙잡고 넝쿨 식물이 살지. 나는 내가 동쪽 마을에 달라붙은 넝쿨 같은 인간이란 생각을 했어. 열매가 나지 않는 바람 많은 마을에서 아무도 가꾸지 않아도 집요하게 사는 풀. 너에게 뒤엉켜 사는 것은 사랑의 생존 방법이었어. 넝쿨 식물은 소유라는 지배가 아닌 구해달라는 부탁으로 사랑에 기생하니까. 강한 네가 약한 나를 뿌리치는 것은 견딜 수 없는 일이었을 거야. 연민은 타인의 고통을 차마 차가운 심장으로 바라볼 수 없다는 것을 뜻하니까. 그러나 이제는 먼 섬에서, 내가 원했던 것은 당신의 품이 아닌 '어떤 품'이었다는 생각을 해. 반드시 그 사람일 필요가 없는 사랑은 사랑일까 환상일까. 사랑은 그렇게 단면으로 만들어지지 않았다는 걸 조금은 알 것도 같아. 내가 좋아하는 사람은 동적인 사람도 정적인 사람도 아닌 뿌리의 엉킴과 설킴을 헤아리는 사람이라는 것도. 그런 사람과의 우연이 여러 번 겹치면 틀림없이 그 사람을 사랑하게 될 거라는 것도. 연민의 범벅으로라도 오래 끌어안고 싶던 사랑은 어디로 간 걸까.

숲의 끝자락에서 고개를 들어 팔랑이는 잎을 바라봤어. 아닐 비(非)처럼 생겼다는 비자 잎이 등지고 앉은 두 사람처럼 보여서 나는 못내 목구멍이 뜨거워지고 말아.

아팠겠구나

사는 동안 아팠겠구나

내가 네게 달라붙어 사는 동안 많이 아팠겠구나.

(프리드리히 니체, 장희창 옮김, 「산비탈의 나무에 대하여」, 『차라투스트라는 이렇게 말했다』, (2004), 믿음사

One Fine Spring Day

변덕스러운 진심

아, 잎사귀가 변했네. 육지에 다녀오느라 집을 비운 사이 화분들이 시들었다. 평소 같으면 오일장에 나가 새 식물을 들여왔을 테지만 그냥 두기로 한다. 바람이 선선해질 때를 기다렸다가 가지를 잘라 마당에 심었다. 상처 입은 존재들은 땅이 필요하다. 몸 안 가득 지난 상처가 풀썩일 때 상처를 먹고 자란 연두가 싹을 틔울 때까지 품어주는 마음이 땅에는 있다.

아침 비바람이 고될 거란 예보가 지나가고 하늘이 수피를 벗는다. 닫았던 창문을 열어 환기하려는데 뒤뜰에 장미 한 송이와 마주쳤다. 모르는 장미라서 곰곰이 쳐다보자니 지난봄에 버렸던 흙에서 자란 것 같았다. 연분홍이었지 싶은데 웬일인지 노랑과 주황이 섞인 색이다. 곁에 있는 수국에게 물든 걸까?

수국은 산성이 강한 땅에서는 푸른색 꽃이 피고, 중성일 때는 하얀색, 알칼리성에서는 붉은색 꽃이 핀다. 한 뿌리에서 핀 꽃도 처음엔 연보라색이던 것이 파랗게 변했다가 분홍으로 시들기도 한다. 땅과 때에 따라 변하는 수국의 꽃말에는 '변덕'이 있다. 그리고 '진심'도. 그래, 한 계절 보았다고 해서 그 꽃에 대해 안다고 할 수는 없지. 나는 내가 잃었다고 생각한 마음들이 살아야 할 땅의 색으로 변할 수도 있다고 생각했다. 삶에는 변덕의 몫이 있어야 한다.

영영 이해할 수 없을 것 같던 일도 시간을 유영하며 변한다. 알만해지기도 하고, 체기가 내려가기도 하고, 마음에 들어앉기도 한다. 사람이 준 상처가 그랬고, 다자이 오사무의 인간 실격이 그랬고, 비 오는 날이 그랬다. 그렇지만 사랑은, 사랑만은 변치 않기를 희구한 적이 있다. 영화〈봄날은 간다〉의 상우처럼 어떻게 사랑이 변하니?라고 말하던 시절. 파란 새벽 보고 싶다는 말 한마디에 택시를 타고 한달음에 달려오던 사랑이 내게도 있었다. 얇은 옷가지를 대충 걸치고 나가 품속으로 뛰어들며 그 사람의 온기만으로 두 볼이 홍역처럼 붉어지던 때. 나는 은수의 인스턴트 라면이 아닌 상우의 뽀얀 두부 같은 마음만이 사랑이라 여겼다. 그래서 캄캄하게 행복했고 껴안고 있어도 위태롭고 울면서도 웃는 얼굴이었다. 폭풍우가 치고 바람이 등을 떠밀어도 사랑 속에서는 안전한 기분. 이 기묘한 사랑의 미혹에 우리는 어찌할 도리없이 사랑을 사랑하게 된다. 사랑이 사람 속으로 들어온다. 사랑이 들어와 사는 것이다.

"지금도 당신 많이 아껴. 너무 약하니까 한 걸음씩만 가. 다 컸으니 할 수 있지?"

그가 건넸던 마지막 당부의 말이 봄 잠처럼 가물거린다. 완전한 사랑 앞에 완전해질 수 없는 사람은 매번 서투르다. 여전히 나는 라면을 끓이고, 갈대숲에서 두 귀를 활짝 열기도 할 것이다. 그러나 그 서투름을 미숙이라 부르지 않고 성장이라 선언하지 않기로 한다. 여름 볕에 꽃을 잃고, 마른 잎을 땅에 버리고, 어깨에 쌓인 눈을 털어 내면서 꽃말을 하나 지어 부른다. '변덕스러운 진심'이라고.

    봄이 도착하고 있다.
    가는 것으로 다시 오는 봄이.

(이승우, 「사랑의 생애」(2017), 위즈덤하우스

Self-Portrait

우짜이, 우짜이

금요일 저녁. 친구가 여는 파티에 참석하기 위해 신제주에 가기로 한 날이다. 시골 마을의 저녁 8시는 도시 주택가의 새벽 1시와 비슷하다. 고양이도 다니지 않는 도로에서 나와 친구들은 예약한 택시를 기다리고 있었다. 멀리서부터 불빛이 다가오는 걸 발견한 나는 "왔다!—이 순간 오직 택시만 보였다—"고 외치며 건널목을 건너다 보도블록 턱에 걸려 넘어졌다.

그러고 보면 몸과 마음의 호흡이 어긋날 때 곧잘 다쳤다. 포장을 뜯다 손을 베이고, 뜨거운 국물에 혀를 데이고, 계단을 내려가다 발목을 접질리기도 했는데 최악은 손을 다치는 일이었다. 강박적으로 손 씻는 나 같은 사람에게 손에 생긴 상처는 고문에 가깝기 때문이다. 물이 닿을 때마다 상처는 펄떡이고, 그런데도 손 씻는 걸 멈출 수가 없다. 잘 닦은 손에 핸드크림을 바르고 무언가를 시작하는 건 잘 익은 귤을 반으로 쫙-가른 듯한 상쾌함이기 때문이다. 그러니까 나는 마땅히 열 번 씻어야 할 손을 다섯 번 만 씻을 수는 없다.

이번엔 양손이었다. 넘어지면서 손으로 땅을 짚은 탓에 손바닥 표면이 벗겨지고 군데군데 살점이 패였다. 나는 라텍스 장갑을 끼고 집안일을 하고, 비닐장갑을 낀 채 샤워했다. 무거운 택배를 팔꿈치로 들어보려다 앞집 할아버지에게 혼나기도 했다. 무엇보다 지난한 일은 상처를 주시하면서 보살피는 일이었다. 검푸른 혈종이 옅어지고 부글부글 끓는 진물이 가라앉도록 아침, 저녁으로 소독하는 생활이 계속되었다. 몸이 제 호흡을 되찾을 때까지.

> 고대 철학에서 호흡은 생명·영혼·창조의 원리와 신성이 인간에 내재한다는 의미를 갖는다. 따라서 숨을 쉰다는 것은 한 개체의 생명 활동이면서 동시에 우주적 생명력과 하나가 되는 것이다.‹

우리 삶은 호흡에 의존하고 있다. 갓난아기는 숨을 시작하고, 노인은 서서히 숨을 멈춘다. 인도의 라마(영적인 스승) 차라카는 삶은 단지 호흡의 이야기들일 뿐‹‹이라고 했다. 처음 요가원을 찾아갔을 때, 내가 바란 것도 호흡이었다. 하타 요가에서는 인간을 소우주로 본다고 했다. 그 우주적인 생명력을 회복해서 시원의 자기로 돌아가기 위한 수행을 하는 것이 요가이다. 아사나(자세)와 프라나(호흡)을 통해서. 나는 생명을 유지하기 위한 무의식적 호흡이 아닌 의식적인 호흡을 배우고 싶었다. 다시 산다는 것은, 의식적인 힘을 길러야 하는 일이므로. 그 힘은 물체 사이에서 무언가를 변하게 하는 힘이 아니라 별처럼 작은 입자들이 모여 존재를 보호하고 일으키는 우주적인 힘이었다.

간판도 없는 해변의 요가원. 고통스럽길 결심한 사람들이 거기에 있었다. 서로의 고통을 지켜봐 줄 사람들이. 우리는 둥그렇게 모여 앉아 선생님이 내려주는 보이차를 마셨다. 찻잔을 비우면 새로운 차를 채워주어서 줄곧 입술과 배가 따뜻했다. 조명과 찻상 말고 아무것도 없는 요가원에는 차를 마시고 숨을 내쉬는 소리만이 울려 퍼졌다. 그러는 동안 나는 고요를 곱씹었다. 고요한 마음이 된 것 같은 기분에 눈물이 반달처럼 차올랐다.

오래 굳은 내 근육들은 기초적인 아사나에도 강한 통증을 느꼈다. 그만 포기하고 사바 아사나(송장 자세)를 하거나, 화장실에 가는 척 집에 가 버리고 싶기도 했다. 거꾸로 선 몸을 가누지 못하고 자꾸만 매트로 고꾸라지는 내 등을 톡, 치며 선생님이 말했다.

"조금 고통스러워도 해야 해요. 고통을 점처럼 바라보고 고통 속에서 자기 나름의 편한 호흡을 찾아보세요."

호흡은 내가 인식하는 고통보다 더 많은 고통을 담고 있는 듯했다. 몸의 유연성과는 상관없이 어떤 자세에서는 편안히 호흡했고, 어떤 자세에서는 비명이 섞여 나왔다. 사실 숨을 마시고 내쉰다고 해서 달라지는 것은 아무것도 없었다. 그렇지만 고통을 하나의 점처럼 응시하면서 호흡에 기울였을 때 통증은 서서히 부드러워졌다. 우리는 각자의 매트 위에서 호흡하면서 자기 자신으로 회귀하고 있었다. 목구멍을 조이고 긴 숨을 내쉬는 우짜이 호흡(ujjayi pranayama, 승리 호흡)을 할 땐 쏴-하는 파도 소리가 났다.

물 위에서 참았던 숨을 내쉬는 해녀에게선 숨비소리가 난다. 아기새가 우는 것 같기도 돌고래가 식구를 부르는 것 같기도 한 소리. 아무런 장치도 없이 오로지 자신에게 의지해야 하는 물질""에서 살아남기 위한 호흡일 것이다. 나는 고통의 수면 위로 참았던 숨을 내쉬는 사람에게도 슬픈 소리만 나지는 않기를 바랐다. 그런 생각을 하면 연한 바람에도 손바닥이 욱신거렸다.

내 손바닥을 물끄러미 바라본다. 지난 저녁 넘어졌던 상처가 씻긴 듯 매끄러운 피부. 그러나 이 손은 넘어지기 이전의 손과 같은 손은 아닐 것이다. 내 몸은 그날의 상처를 기억한다. 고통의 자리와 염증의 흔적을 기억한다. 상처를 어떻게 해야할지 몰라 손톱이 움푹 파이도록 긁는 날도 있었다. 그런데도 상처가 소거된 세상을 빈 적은 없었다. 데이고 부딪치는 상처는 삶에서 늘 들리는 소리이고 질서를 따르는 소리였으므로. 숨비소리처럼.

나는 내 호흡을 되찾았나?

이 질문은 여전히 우주만큼 멀게 느껴진다. 본래의 내가 우주적 생명력을 가졌다고도 생각하지 않는다. 다만 나는 위대한 삶을 좇기보다 매일 저녁 매트 위에서 뒹굴었다. 둥그렇게 모여 앉아 차를 나눠 마시고, 어제보다 조금 더 긴 숨을 쉬고, 서로에게 아무것도 아닌 말을 빌었다. 멀리서 가까이서 파도 소리가 들려오면 좋겠다고. 그 소리에 우는 듯 춤을 추자고.

(이태영, 『하타요가』 (2013), 여래
((라마 차라카, 김재민 옮김, 『요가 호흡의 과학』 (2012), 여래
(((해녀들이 바닷속에 들어가서 해산물을 따는 일.

Waltz For Debby

여름의 복숭아를 좋아하세요…

01 책상 위 일력(日曆)이 여름방학 숙제처럼 밀려있다. 밀린 날짜를 전단지처럼 떼어내다 보니 22일이 되었다. 22일의 그림은 손바닥 위에 놓인 복숭아. 아가의 주먹처럼 연한 그림을 만지작거리다 어젯밤 친구와의 통화를 떠올린다.

"곧 네가 좋아하는 복숭아 철이야. 장마가 오기 전에 제일 좋은 것으로 보낼게."

자기 전 냉장고에 한 알씩 넣었다가 다음 날 아침 신나게 베어먹는 내 모습을 기억한다고 했다. 나는 복숭아를 좋아하지만 달고 촉촉한 제철 과일 대부분을 좋아한다. 친구도 그 사실을 모르지 않으면서도 복숭아 얘기를 하는 것은 '요즘은 좀 어때?'란 안부겠지. 이렇게 다정하고 섬세한 사람들의 마음속에는 복숭아나무가 있다. 햇볕에 잎이 무성해질수록 사람을 사랑하고, 바람에 마를수록 자신을 미워하면서 주변을 사랑의 냄새로 물들이는 사람들. 하지만 복숭아는 쉽게 상처가 생기고 벌레가 모여들어 저장이 힘들다. 복숭아 같은 사람들을 어떻게 지킬 수 있을까. 나는 고개를 들어 벽에 걸린 액자들을 바라본다. 김환기의 영원의 노래(1956)—원화라면 얼마나 좋을까!—옆에 복숭아 그림을 오려붙인다.

02 복숭아가 도착했는데도, 나는 무언가를 기다리고 있다. 그게 사람인지 사물인지 날씨인지는 알 수 없었으나 기다리는 동안 오롯이 혼자라는 느낌이 들었다. 멀리서 가까이서 오고 있을 미래를 상상하고, 기대하고, 두려워하기. 누군가가 함께 있더라도 혼자인 게 분명해지는 시간이다. 나는 여러 개의 복숭아 중에서 말랑해진 복숭아를 베어 물며 생각했다. 그렇다면 하나의 기다림은 마침내 둘이 되었을 때 새로운 세계가 열리는 것일까.

03 원이 섬으로 오겠다고 했다. 날짜를 말했고, 도착시간을 말했고, 보고 싶다고 말했다. 보고 싶다는 말은 우리를 대상으로 무작정 이끄는 힘이 있다. 그와 나 사이에 몰랐던 감정들이 휘몰아쳤고, 같은 미래를 상상하는 두 마음의 온도가 여름처럼 달아올랐다. 나는 사랑하는 새를 찾아 세상 끝으로 떠나는 곰 이야기〉를 서가에서 꺼내 포장했다. 그리고는 꽃집에 전화해 파랑색—원이 좋아하는 색이라고 했다—꽃다발을 주문하고, 화분에 물을 줬다. 냉장고에 신선한 과일과 치즈를 채워 넣은 뒤 세차도 했다. 첫인사는 어서 오라고 하

는 게 좋을까? 파랑 꽃을 보면 싱긋 웃어줄까? 걷다가 슬쩍 팔을 끼워 넣을 때 번져나갈 표정의 온기는 어떨까? 이런 생각을 하면서 창문으로 쏟아지는 여름을 바라봤다. 거리에 야자수 잎이 짙어지고 하늘은 어제보다 조금 더 깊어진 걸 알아차린다.

04 낯섦과 기대를 머금은 연한 갈색 눈동자와 어깨에 닿는—소아암 환자를 위해 기른다고 했다—구불구불한 머리카락, 더 위에 녹은 듯한 목소리, 물건을 벗어둘 땐 가지런히 두고, 그림을 그릴 때는 재즈를 듣고, 바빠서 시를 읽지 못하는 게 슬프고, "말도 안 돼"란 감탄사를 쓰는 남자. 정적인 표정과는 달리 치열하고 강렬한 그림을 그리던, 원. 초 여름밤의 선선하고 들뜬 공기는 그의 어깨와 어울렸다. 나는 그 어깨에 기대서 파도가 연주하는 Waltz for Debby(Bill Evans, 1956)를 들었다. 어깨 위 수영복 자국처럼 선명하게 남을 밤. 여름밤들.

05 빗물이 발등을 찰박찰박 친다. 나는 내리는 비를 맞기로 작정한 나무처럼 신호등 앞에 서 있다. 빗물 위를 소금쟁이처럼 미끄러져 지나가는 자동차들. 비와 나 사이에 안전거리를 알 수 있다면 좋겠다. 곧 멈출 예정이라면 깨끗한 신발로 갈아신고, 한사코 계속될 예정이라면 창이 넓은 실내로 들

어갈 텐데. 나는 매번 비를 맞고 나서야 후회하면서 우산을 마련한다. 원과 만나기로 했던 길이 엇갈렸고, 우리는 다 젖은 모습으로 만날 것이다. 그가 예쁘다고 했던 라벤더색 바지가 거뭇해지는 걸 바라보면서 나는 길을 건넜다.

06 여름을 좋아하는데 좋아하는 여름의 모습이 비바람에 시달리고 실내에서 실내로 전전하는 여름은 아닐 것이어서, 여름을 좋아하는 방식에 대해 생각했다.
"깨지 않았어요? 오늘 기분 어때요? 밥 먹었어요? 잘자, 내일 만나자. 이런 걸 모으면 사랑이지 특별할 게 있을까요."
하루의 부분 부분에 서로가 있다면 그건 푸른색이니까. 호크니(David Hockney)의 여름처럼. 우리가 서로를 향해 '더 크게 첨벙(A Bigger Splash, 1967)' 뛰어들면 모든 것이 푸르게 보일 것도 같은 마음. 그런 마음이 하루에도 몇 번씩 쌓이면 여름은 어떤 모습으로든 특별해질 것이다.
"성숙한 사랑이 뭐라고 생각해?"
원의 등 돌린 목소리가 내 안으로 들어왔을 때, 꿰매놓은 어딘가가 두둑 뜯어진 것처럼 욱신거렸다. 나는 내가 말한 일상적인 사랑과 원이 말하는 일상에 더해진 사랑의 차이를 알고 있다. 그러나 어떤 사랑의 방식이 성숙과 미숙인지는 알지 못했다. 사랑은 언제나 성숙과 미숙 사이 어디쯤에 있었다. 익숙해질 수 없는 처음과 완전해질 수 없는 감정이 뒤

돌아보지 않고 미래를 예측하지도 않는 것이었다. 나는 대답 대신 쌀쌀한 듯 팔짱을 낀 채 창밖을 내다보았다. 세계를 향해 고함치듯 쏟아지는 빗소리. 당신의 굽은 등과 나의 움츠린 어깨는 우리에게 다가오는 어떠한 상처도 용납하지 않겠다는 듯 자기만을 끌어안고 있었다.

07 바람이 불었다. 거리의 무성한 초록이 흔들릴 때마다 그림자가 춤을 췄다. 공항 가는 길에 들린 베이커리에는 캐리어를 끌고 온 사람들의 들뜬 분위기가 느껴졌다. 테이블에 올려둔 내 가방에서 튀어나온 시집을 바라보며 원이 물었다.
"시집 한번 읽어봐도 돼?"
"그럼, 읽어요. 나는 이 시가 정말 좋았어."

:

때로는

눈에 띄는 순정이 더 필요한거라

햇볕에 닿기도 전에 당신은 뜨겁다고 말한다 잡은 손은 여전히 차갑게 떨고 있다 그보다 내겐 열리다 마는 당신의 입술과 힐의 무게와 겉옷의 두께가 중요하다 벽화가 끊어진 곳에서 펍을 지나치면

당신은 춥지 않냐고 묻고 나는 춥지 않다고 말한다 불과 몇 걸음 차이로 지명이 바뀌고 문득
너무 멀리 와버린 것은 아닐까 고개를 돌리지 않고 당신의 목소리만 듣고 있으면 당신이 아닌 사람을 떠올리고 만다

춥지 않다는 게 따뜻하단 말은 아니었는데《

"무슨 뜻이야?"
"음, 나는 그냥… 쌀쌀한데 명치가 뜨거웠어."
"아니. 나한테 하는 말인 줄 알았어."
"응?"
"당신이 나한테 하고 싶은 말인 줄 알았어…"
그때 나는 말이 되어 나오지 않는 마음의 말은 눈으로만 할 수 있다는 것을 알았다. 알고 있지만 '눈에 띄는 순정이 더 필요한 거'겠지. 여름 볕에 무성해지기도 전에 당신은 뜨겁다고 말하고 잡힌 내 손목은 여전히 차갑게 떨고 있다. 나는 식탁 위에 두고 온 복숭아 한 알을 생각했다. 혼자서 무르다가 그만 여기저기 반점이 생기고 있을, 여름벌레들이 달라붙어도 제 속만 탓하고 있을 복숭아를. 이제 여름은 물기를 잃을 것이다. 나는 휴가 냄새가 나는 사람들 틈에 섞여 섬으로 돌아가야 한다.

08 배웅하면서, 원은 흩어지는 것을 붙잡으려는 사람처럼 내 몸을 끌어안았다. 숨이 막혀 아무 말도 하지 못하던 나는 가만히 그의 두 눈을 올려다봤다. 테두리 없는 연한 갈색 눈동자, 그리고 붉어지는 눈시울을⋯
오래 기억해야 한다는 듯이.

(코티에 다비드, 마리 꼬드리 글 그림, 이경혜 옮김, 『세상 끝에 있는 너에게』, (2018), 모래알
((구현우, 「빌헬름의 에로티시즘」, 『나의 9월은 너의 3월』, (2020), 문학동네

Chaconne

땅으로 떨어져도 꽃은 꽃

열띤 눈빛 하나가 머물던 아침의 창가에는 어느덧 이슬이 내려앉았어요. 이불을 턱 끝까지 돌돌 여미고 침대 머리에 비스듬히 웅크리고 앉아 텅 빈 뒤뜰을 바라봐요. 어제는 저 뜰을 가슴 벅차게 채웠던 수국의 저문 얼굴을 잘랐어요. 수국은 새잎이 찾아오는 때까지 버썩 마른 얼굴 한번 떨구지 못하는 슬픈 꽃이에요. 그래서 돌아서는 모습까지 보살펴 주어야 해요. 뒷모습을 지켜봐 주는 일은 아낀다는 말의 다른 뜻이니까. 내가 어떻게 지내는지 말했던가요. 시를 쓰고, 그림 그리고, 차를 내리고, 향을 피워 기도하는 일이 전부에요. 온갖 신을 소환하는 이 기도의 마침표는 여름을 보내는 것이에요. 아름다운 장면 속에 당신은 여전히 여름의 표정으로 사니까요.

    작열하던 초여름의 낮. 송골송골 땀이 차는 손바닥을 연신 소매에 닦으면서 우리는 깍지 낀 손으로 오름을 올랐었지요. 영영 오를 수 없을거라고 생각하던 순간 도착한 정상에서는 해변 대신 마른 분화구를 함께 바라봤어요. 한참을 어떤 의식처럼. 당신은 나를 감각에 빠뜨리는 사람이에요. 함몰한 산의 흉터 속에서도 새순의 여린 생명력을 찾는 호수의 눈을 가졌어요. 당신이 팔레트에 짜놓은 물감처럼요. 그러나 그럼에도 그림은 그림으로 남아야만 아름답겠지요. 여전히 사랑만이 사람을 구원해 주리라 빌기엔 나는 너무 약해요. 버티고 선 다리 대신 물결처럼 헤엄치는 다리를 가졌어요. 누군가 내게 그해 여름에 대해 묻는다면 나는 그저 소로야(Joaquin Sorolla)의 발렌시아 해변을 보여주겠어요.

땅을 딛고 피워낸 꽃은 끝이라는 단어를 배운 적 없어요. 그래서 영원처럼 피어날 수 있다고, 수국의 뒷모습에 안녕을 빌어줬어요. 단 한 번 머문 계절에도 이토록 끝나지 않는 여름도 있는 거라고. 그리고 이제 그 푸른 창을 닫아야 한다고.

Angel

삶의 모든 돌담

1

경자 할머니네 돌담 앞에 사람들이 북적인다. 광활한 무밭뿐인 마을에 무슨 일이 생겼는가. 대낮에—밭이나 바다에 가지 않고—집에 있는 건 동네 개들과 나뿐인데. 나는 소란에서 멀어질 요량으로 집을 나섰다.

돌담은 오후 태양색 능소화로 뒤덮여 있었다. 지나던 사람들이 차를 세우고 사진을 찍기 위해 줄을 섰다. 순서가 되면 뒷사람이 앞사람을 찍어주기도 하고 찍히는 사람은 찍는 사람에게 이런저런 요구를 하기도 했는데, 기다리는 시간에 비해 사진을 찍는 건 순식간이었다. 그들은 뭘 기념하고 싶은 걸까. 꽃에 둘러싸인 나? 꽃으로 덮인 돌담에 다녀온 나? 가던 길을 멈추고 꽃을 보는 나? 발길을 세우는 아름다움이라고 한들 자신의 차례가 지나면 서둘러 떠나겠지. 여름이 그런 것처럼.

"그만이 해시믄 돼서!"

경자 할머니는 어차피 떨어질 텐데 아름다움이 다 무슨 소용이냐며 불평스레 주변을 비질했다. 그러면서도 사람들을 내쫓지는 않았다. 능소화가 사람이면 단명(短命)이라면서 꽃을 모아 화로에 꽃을 쓸어 넣을 뿐.

나는 타들어 가는 꽃을 바라보면서 당신을 생각했다. 말라버린 믿음과 병들어 갈색으로 변한 마음. 미움, 원망, 그리움, 후회, 절망을 쓸어모아 태우고 싶다고 생각했다. 어떤 사람은 시절이란 이름으로 부른다고 해서 기념사진 같은 것이 되지 않으니까. 이거 어디에 쓸 수 없겠냐고 쓰레받기를 들어 보이는 할머니에게 나는 천천히 고개를 저었다.

"떨어진 꽃은 모두 상처 입어서요."

나는 능소화의 상처를 알고 있었다. 봉오리가 맺히는 진심, 몇 단어로 정의할 수 없는 감정, 지키는 마음과 추락하는 고통을 알았다. 땅바닥을 나뒹구는 꽃들이 왜 그토록 불편하고 슬퍼 보이는지도.

> 젊은 날의 삶은 다른 삶을 준비하기 위한 삶이기만 한 것이 아니라, 그 자체를 위한 삶이기도 하며, 어쩌면 가장 아름다운 삶이 거기 있기도 하다."

어쩌면 가장 아름다운 능소화 한 송이를 불꽃 속으로 던진다. 하늘로 상승하는 연기를 보다가 다이빙하듯 두 손을 모으며 빈다. 오늘의 상처를 아는 채로 내일을 사랑하게 해달라고. 때론 아름다움이 없고 울음만 가득할지라도 상처를 모르고서는 아무것도 사랑할 수 없으므로. 당신은 내 삶을 뜨겁게 불태워 버렸지만, 사랑은 남았다. 늦여름의 실바람이 불어오는 한 가운데 사랑은 남은 것이다. 끝이 있지만 끝도 아닌 연기가 하늘에 번지고 있다. 나는 돌담을 쓰다듬으며 빈 골목을 되돌아 나간다.

여름이 지나려면 더 있어야 한다.

2

행복한 사람들이 웃으며 지나간 돌담 아래 떨어진 능소화를 주웠다. 이 계절을 처음 맞이하며 나도 여기서 꽃을 들고 사진을 찍었었지. 그건 행복한 순간이었다기보다 행복을 포즈로 취한 순간 같아 보인다. 내게 행복은 지붕이 보이지 않는 저택의 벽이었다. 높고 정교하고 공평하지 않았다. 쉴 틈 없이 움직이고 증명하는 하루를 쌓다 보면 행복의 벽이 완성되리라 믿었다. 그 벽을 올려다보며 질식하고 싶어졌을 때, 곁에 있던 건축가가 말했다. 창을 그리라고. 화가가 인물화의 눈을 그리듯이 건축가는 건물의 창을 그린다고 했다. 창은 돌담의 빈틈과도 같다. 돌담을 쌓을 때는 구멍 난 현무암을 곡선으로 쌓는다. 울퉁불퉁하고 구멍이 있어야만 거센 날씨에 무너지지 않기 때문이다. 그 틈 사이로 우리가 사랑하는 섬의 풍경들이 오고 간다. 그러니 모나고 구멍이 나면 어떻나. 행복은 기념사진 같은 것이 아닌데.

3

돌담은 제 안에 구멍을 몇 개나 가지고 있을까.
그 틈까지 온전히 자기 자신으로 받아들여서
바람이 드나드는 거겠지.
희고 연한 눈송이가 고이기도 하겠지

(제주 방언으로 '그만큼 했으면 됐어!'라는 뜻이다.
((황현산, 「봄날은 간다」, 『밤이 선생이다』 (2013), 난다

Changing Wind

이상하고 아름다운

여행자가 물었다.

"여기서 만난 사랑은 다 지나가는 바람 아닌가?"

섬에는 바람이 불고 있다. 아니, 바람을 버티고 있는 섬이라고 해야겠다. 마당의 야자수들이 소문자 알(r)처럼 구부러졌다. 나는 여행자의 말이 차라리 인사하는 소리나 재채기하는 소리였으면 좋겠다고 생각한다.

"여기서든 저기서든 사랑이 뭔지는 잘 모르겠어요. 사랑을 잊은 적은 없어요."

어떤 사랑이 더는 사랑이 아니라고 여겨본 적 없다. 사람이 곧 사랑이라고 생각하면 불행하지만 사랑은 거기에 영원처럼 존재하니까. 눈을 감고 한 장면을 떠올리면 몽글하거나 뭉클해지는 아름다운 기억들은 머물러야만 한다.

"제주처럼 이상적인 말이네요."

그 말속에는 제주에 사니까 그런 말을 할 수 있는 거라는 뉘앙스가 느껴졌다. 나는 조용히 '이상'이란 단어를 만지작거렸다. 당신은 마을마다 비석이 있는 파라다이스를 본 적 있을까. 차마 그 일을 안다고 입에 올릴 수도 없는 그러면 목구멍에 시꺼먼 동굴이 생기는 이곳은 누군가의 밤을 뒤척이게 하는 섬이기도 하다. 섬이 곧 행복이라고 생각하면 슬퍼진다. 행복하다고 해서 슬픔의 역사가 사라지는 것도 아니다.

이상(異狀)의 또 다른 뜻은 '서로 다른 모양'이다. 단어도 사람도 손바닥이 있으면 손등이 있을 것이다. 어느 쪽이든 손일 것이어서 우리가 서로에게 해줄 수 있는 일은 온기를 나누어 주는 일. 나는 내 쪽에선 생각과 당신 쪽에선 생각 그리고 수없이 다른 생각들을 나누는 대신 물을 끓였다. 그리고 말했다.

"바람이 차네요. 차 한 잔 하시겠어요?"

Almost Blue

똑같은 재즈 연주는 없다 단 한 번뿐

창을 열었다. 틀낭'에서 틀낭으로 산새가 저공비행을 했다. 크리스마스 전구처럼 빛나는 붉은 열매, 들개가 낙엽을 밟는 소리, 비에 젖은 흙냄새가 순식간에 방 안의 공기를 장악했다. 하늘은 돌아가기엔 멀고 머무르기엔 아득한 블루였다. 모든 게 멀어지지만 또렷해 보이는 걸 나는 가을이라고 불렀다. 가을이 되면 내 입술에 붙어사는 질문이 하나 있다.

"이건 갈대야? 억새야?"

숲에서 표류하게 되면 나는 먹는 풀 못 먹는 풀 구분 못하고 죽기에 적합한 사람이다.

"갈대는 물가를 좋아하고, 억새는 산릉선을 좋아해."

얼마 전 함덕에 사는 B가 명쾌한 대답을 해주었다. 덕분에 얼마 전보다는 조금 나은 섬사람이 된 것 같다. 이제 누군가에게 으레 아는 척을 할 때마다 B가 생각나겠지. 나는 김애란의 소설 속 문장을 떠올렸다.

어떤 음악을 들으면, 그 곡을 제게 처음 알려준 사람이 생각나요. 그것도 번번이요. 처음 가본 길, 처음 읽은 책도 마찬가지고요. 세상에 그런 게 있다는 걸 알려준 사람이 떠올라요. '이름을 알려준 사람의 이름'이라고 해야 하나? 그런 건 사물에 영원히 달라붙어 버리는 것 같아요."

세상에는 그런 이름들이 있다. 데미안을 선물해 준 문학 선생님, 새 학기 점심 방송에 희재를 틀던 방송반 선배, 주방세제 맛 고수를 접시에 덜어준 상사처럼 사물에 영원히 달라붙어 있는 이름들. 나는 돌담 너머 빈터에 잡초처럼 자란 억새를 보며 생각했다. 그렇다면 풍경에는 당신이 달라붙어 있는 것 같다고. 억새가 흔들리는 풍경에는 언제나 한 장면이 달라붙어 있었다.

억새 숲 한 가운데. 머리카락을 귀 뒤로 넘기며 휘어지게 웃고 있는 내가 있다. 한 손은 주머니에, 한쪽 어깨에는 카메라를 매고 구름을 바라보는 그 사람의 뒷모습도. 뒤돌아보는 그의 얼굴이 환해진다. 내가 부를 때 그의 얼굴은 언제나 환하게 구겨졌다. 나는 구겨진 얼굴로 살아온 그를 좋아했다. 치열하게 웃고 아파한 흔적이 고스란한 얼굴은 그가 감성적이고 솔직한 인간임을 증명하는 것이었다. 나는 깨지는 것을 만지듯이 그의 얼굴을 감싸고, 그는 내게 발밑을 조심하라고 말하면서 걷는다. 우리가 가장 좋아하는 노래를 따라 부르고 세상이 어둑해질 때까지.

열린 창 안으로 그림자가 쏟아졌다.
모든 게 또렷했지만 검은 것은 더 검게 멀어지고 있었다.

아끈다랑쉬 오름은 다랑쉬 오름 옆에 있다. 평소에는 '오름의 여왕'이란 별명을 가진 다랑쉬의 겸사겸사 느낌이지만 가을에는 매일이 연휴처럼 북적거린다. 정상으로 향하는 길은 나란히 걸을 수 없을 만큼 좁고 미끄럽다. 사람들은 앞에 가는 사람의 허리를 밀어주기도, 잘 따라오고 있는지 돌아보기도 하며 줄줄이 정상을 향해 오른다. 신발이 흙투성이가 되고 얼굴이 붉게 부풀어 오를 즈음 바람이 불고 먼 곳에서인 듯 소리가 들린다.
사각사각.. 스으.. 솨아아아..
억새 사이사이에 핀 풀꽃—꽃향유, 자주쓴풀, 산국, 개쑥부쟁이—을 채집하다가 고씨 할머니 무덤가에 다다르면 목을 길게 뺀다. 동그란 분화구를 가득 메운 억새꽃이 넘실거리고 있다. 가는 줄기가 왼쪽으로 휘어지고, 오른쪽으로 되돌아가는가 하면 뒤로 휙 쓰러지면서 리듬을 만든다. 흔들림보다도 흔들림을 어떻게 변주하는지가 중요해 보인다. 재즈처럼. 재즈의 즉흥성은 불안정하지만, 그렇기 때문에 연주자에 따라 매번 새로운 음악이 태어난다. 똑같은 바람이 두 번 다시 불지 않듯이 똑같은 재즈 연주는 없다. 단 한 번뿐.

사각사각.. 스으.. 쏴아아아..

오래된 장면이 메아리처럼 돌아온다. 들판으로 달려가다 돌아서 두 팔을 펼치는 모습. 제 코에 풀을 갖다 대고 귀 옆에 꽂는 모습. 그러다 웃음소리를 내며 가늘어진 눈가로 주름이 깊어지는 모습… 아름다운 풍경에는 여전히 당신이 달라붙어 있었지만, 나는 어떤 음악을 한 곡 끝낸 것도 같다. 하나의 사랑이 끝났다는 것인지 그마저도 끝나는 동시에 사라진 것인지 설명할 수 없는 것은 재즈 같은 일이겠지. 나는 내 흔들리는 마음 어딘가에 납작 엎드렸다가 아무 일 없었다는 듯 숲을 걸어 나갈 것이다. 내가 가장 좋아하는 재즈를 흥얼거리면서.

다랑쉬 오름에서 뛰어내린 사람들이 하늘에 바짝 붙어 날아가고 있었다. 하늘은 단 한 번뿐인 블루였다.

(제주이로 열매를 뜻하는 '틀'과 나무를 뜻하는 '낭'을 합친 이름인데 '산딸나무'를 말한다.
((김애란, 「너의 여름은 어떠니」, 『비행운』(2012), 문학과지성사

A Waltz for a Night

비포 유고(Before You Go)

W를 알게 된 후 나는 말에 관해 자주 생각했다. W는 한국어를 못하는 캐나다 사람이고 나는 영어를 못하는 한국 사람이다. 우리는 각자의 언어로 대화했다. 내가 한국어로 말하면 그가 끄덕이고, 그가 영어로 질문하면 나는 한국어로 대답하는 식이었다. 부정확한 발음과 더듬거리는 단어들을 꿰어가면서 우리는 우주의 모든 이야기를 했다. 비포 선셋'의 셀린과 제시처럼.

너는 재즈를 좋아하니? 너는 무슨 차를 마시니? 너는 어디에서 책을 읽니? Do You~?의 다카포. 자기를 설명하는 말 보다 나를 알고 싶어 하는 말을 듣기란 쉽지 않다. 만일 누군가가 나를 반복해서 듣고 싶어 한다면, 세상에 '지루함'이란 단어는 무용해지고 아름다운 연주가 반복될 것이다. 그러나 사람들은 서로를 전시하려고만 하지 타인의 깊은 내면에는 별 흥미가 없다. 때때로 나는 같은 언어로 얘기하면서도 서로 다른 말을 하는 기분, 풀지 못한 문제를 다시 풀어야 하는 기분, 작별 인사 후 집에 돌아가는 길에 어딘가 아픈 기분이 들었다.

셀린(Celine) : 만약 오늘 밤, 우리 둘 다 죽을 운명이라면. 그럼 우린 네 책이나 환경에 대해서 얘기할까?
제시(Jesse) : 오늘이 마지막이라면?
셀린(Celine) : 내 말은 타인과 진정으로 소통하기란 정말 어렵다는 거야.

W와 다시 만난 것은 서울의 어느 카페였다. 우리는 커피를 마시며 이별로 시작하여 사랑으로 끝나는 대화를 나눴다. W는 부산으로 휴가를 다녀온 근황—그곳에서 만난 여자가 얼마나 특별했는지—을 이야기했다. 그녀는 매우 매력적이고 자기 일에도 열정적이며 대화가 잘 통하는 사람이었지만, 각자가 추구하는 삶의 어떤 부분이 달라서 어쩔 수 없었다고. 나는 있어서는 안 되는 곳에 앉아있는 기분이 들었다. 이별의 이유를 듣게 될 때면 언제나 그랬다. 누군가를 사랑하는 일이 잘라도 계속 자라나는 머리카락이라면, 누군가와 이별하는 일은 집안의 어디에나 머리카락이 있는 것이다. 결국 같은 뿌리를 가져서 잡아당기면 아플 뿐이었다.

W는 문제없다는 듯 어깨를 으쓱해 보였는데, 자기도 모르게 긴 한숨을 쉬었다. 나는 커피 바에서 따듯한 물 한 잔을 가져와 그에게 건넸다. 내가 W와 비슷한 경험을 한 적 있다고 해서 W의 슬픔을 이해한다는 의미는 아닐 것이다. 슬픔은 사랑만큼이나 사적이고 개별적이어서 세상에 똑같은 슬픔은 없으므로.

나는 아무 말도 할 수 없었지만 너의 고통은 타당하다고 조용히 곁에 있어 줄 수는 있었다.

셀린(Celine) : 아픔이 없다면 추억이 아름다울 텐데.
제시(Jesse) : 살아 있는 한 추억은 계속 변하지.

"말하자면 눈빛이야. 예쁜 눈이 아닌 내면이 비치는 눈."
사람을 만날 때 중요하게 생각하는 게 뭐냐고 W가 물었다. 이미 아는 말이 우리에게 언어의 의미를 곱씹기보다 내용을 일컫는 평범성이라면, 눈으로 하는 말은 무엇이라 정의하기 힘든 마음이 비치는 진실성이다. 언제부터인가 나는 사람의 눈을 호수라고 생각해 왔다. 눈은 셀 수 없는 것을 담고 있으면서도 잔잔해 보이는데 언뜻 비치는 빛에 투명하게 자기가 드러난다. 주관적인 믿음이었지만 나는 늘 거울에 비친 내 눈을 응시하며 일상의 물살로부터 고유한 빛을 잃지 않았는지 점검하곤 했다. 함께 일하게 될 사람을 눈빛으로 평가하거나, 연인의 눈동자 색을 기억하는 건 습관이 되었다.
"내가 가장 슬펐을 때. 그러니까 커피를 마시다가, 장을 보다가, 계단을 오르다가도 울음이 터져 나왔을 때. 물속에 있는 기분이었거든. 깊은 물 속은 사방이 어둠이었지만 빛이 하나둘씩 켜질 때가 있었어."
그 빛은 슬픔을 변호하지 않아도 된다는 눈빛이었다. 슬픔을 서둘러 없애려는 것보다 돌보는 것에 가깝고, 고치려는 시도가 아닌 곁에 있어 주는 연대였다. 나는 그 눈빛들을 따라 삶과 돌봄, 삶과 연대 사이를 쉼 없이 오고 갔다. 그 사이에서 반짝 빛나기도 하고 꺼질 듯 깜빡거리기도 하며 자꾸만 가라앉는 삶을 붙잡았다.

"그래도 말이야. 네 눈이 레이크 루이스 같더라도 중요한 건 사람 때문에 멸망하지 않는 거야."

셀린(Celine) : 네 책이 알려줬지. 내가 예전에 얼마나 로맨틱했는지, 사랑에 얼마나 많은 기대를 걸고 있었는지. 지금은 사랑 같은 건 더 이상 믿지 않아.

우리는 카페를 나와 돌아가야 할 곳으로 돌아가지 못하는 사람처럼 걸었다. 빛이 있고 별이 없는 서울의 밤. 아름답고 서늘한 오거리의 야경을 보며 나는 추운 듯 몸을 떨었다. 외투 자락이 바람에 펄럭일 때마다 옅은 커피 냄새가 따라왔다.

"갈수록 사랑이 어려워. 그렇지 않니?"

"Love is easy."

그렇게 말하며 웃는 W의 목에 감긴 머플러가 카페에서 보다 조금은 가벼워 보였다.

"그래, 사랑은 쉬운 일이네. 사람이 끔찍하게 어려운 거지."

11월을 지나는 바람이 자꾸만 등을 밀었다. 빌딩과 빌딩 사이를 통과하는 매연과 퇴근길 자동차의 경적, 버스 손잡이를 따라 흔들리는 사람들 속에서 슬픔은 허공 같고 사랑은 너무 먼 말이었다.

(리처드 링클레이터(Richard Stuart Linklater), 〈비포 선셋(Before Sunset)〉, 2004

The Crisis

내 이름의 작은 신

너는 너의 이름이 마음에 드니? 소파 다리에 등을 기대고 앉아 하리보 젤리를 먹는 희에게 물었다. TV에는 독특한 이름을 가진 사람들이 출연해 자신의 이름값에 관한 이야기를 하고 있다. 공군 전투비행단 박격포씨, 산부인과 간호사 임신복씨, 건축과 교수 김노동씨…

"내 이름? 아직까진 괜찮아. 고등학생 때 시험지에 이름을 쓰는데 어색하게 느껴진 적이 있어. 엄마랑 점집에 찾아갔는데 무당이 말하길, 내 이름이 별로라서 내 인생이 별로라는 거야. 집으로 돌아와서 곰곰이 생각해 봤지. 내 인생이 딱히 별로는 아니었거든. 그래서 아직까진 이 이름이야."

희는 라즈베리 곰을 씹으면서 말했다. 삼십 대가 넘으면서 알게 된 사실은 사람마다 타고난 얼굴이 있다는 것이다. 매일 길고양이 밥을 챙기는 무뚝뚝한 얼굴이 있는가 하면, 뒷말을 쌓아두면서 두부처럼 말갛게 보이는 얼굴도 있었다. 희의 타고 난 얼굴은 이랬다. 내가 어떤 마음으로 바다에 걸어 들어갔는지 얘기했을 때, 별다른 호응이 없다가 눈물을 후드득 흘리는 얼굴. 티슈를 내밀면 꼼꼼히 눈가를 닦은 후 다시 뚜한 얼굴로 이야기를 마저 들었다. 나는 희가 별로는 아니었다고 했던 수험생 시절을 어떻게 보냈을지 조금은 알 것도 같았다. 자기 앞의 일을 묵묵히 하고 서슴없이 남에게 제 자리를 내어 주었겠지. 그러니까 운명은 희를 사랑할 수밖에 없었을 것이다.

내가 다니던 초등학교는 개발이 한창인 위성도시에 있었다. 방학이 끝나면 한 반에 두, 세 명씩 전학생이 생겼고 나도 그중 하나였다. 정글짐 꼭대기에서 아래를 내려다보는 것처럼 가슴이 울렁거리고 어지러운 분위기였다. 어느 날, 여럿이 모이면 꼭 한 명씩 있는 아이―사소한 일에 열과 성을 다하는―가 이런 소식을 전해왔다. 1반 변씨, 3반 김씨A, 5반 김씨B, 6반 정씨의 성을 가진 내 이름들이 있다고. 그중 변씨와 나는 같은 반이었으므로 일년 내내 조선시대 여인처럼 이름이 아닌 성(成)으로 불렸다. 같은 이름끼리 심부름 다녀오라는 선생님의 농담도 별로였지만 무엇보다 남자애들에게 '너도 변이랑 이름이 같으니까 똥이냐?'란 놀림을 받는 건 더 별로였다.

"좋은 이름이라서 널리 쓰는 거야."

엄마는 이렇게 위로했지만 만약 내가 한 살로 돌아간다면, 내 이름을 지어준 스님에게 정식으로 항의할 것이다.

"제 이름에 박힌 '돌(玟)'을 빼주셔야 합니다. 살다가 자꾸만 돌부리에 걸려 넘어지는 것은 우연이 아닌 것만 같으니까요."

영원하고 쓸모없는, 신성하고 흔한, 순수하고 장식적인, 예리하고 둔한, 아름다운 것을 생각하면 돌 같은 것이 굴러다녔다.

이름에 운명적, 주술적 능력이 깃들어 있다는 시각은 오래 이어져 온 일이다. 고대 로마인들은 '이름이 곧 운명(Nomen est omen)'이라고 믿었다. 희곡 페르사(Persa)속 '이름과 운명은 같은 가치를 가진다(Nomen atque Omen quantov s iam est preti)'라는 표현에서 유래된 것인데, 이름의 신비성을 믿은 사람들에 의해 격언처럼 널리 사용하게 되었다. 유대교에서는 사물마다 '진짜 이름'이 있다고 여겼다. 신이 천사에게는 가르쳐주지 않고 인간에게만 가르쳐 주었다고. 그렇다면 이름의 세계에서는 우리에게 내려진 이름이 중요할까. 내 안에 있는 진짜 이름이 중요할까. 만약 희가 태희, 옥희로 이름을 바꿨더라면 젤리를 좋아하지 않는 어른이 되었을까? 만약 스님이 지현, 지구라고 나를 불렀다면 나의 '사랑'과 '슬픔'은 모두 한 사람을 가리키는 말이 되지 않았을까?

이름은 나를 내가 아닌 사람과 구별해서 부르는 말이다. 화가 김환기는 수화(樹話, 나무와 이야기 하다)라는 호가 있다. 노동 해방을 꿈꾸던 박기평씨의 필명은 박노해. 도요토미 히데요시는 인생의 굴곡마다 성과 이름을 네 번 바꾸었다. 사람들은 철학이나 사상, 좋아하는 이미지, 가명 뒤에 숨고 싶은 마음마저 압축한 이름으로 불리기를 원한다. 그런 이름을 가진 사람들을 나는 섬에서 만났다. 구름, 단다(དགའ་), 보리, 샨티(शांति), 월

(月)… 그들은 자기 자신을 불리고 싶은 이름으로 소개했고, 부르는 사람은 그게 진짜 이름인지 왜 그런 이름을 지었는지 묻지 않았다. 그 이름이 진정한 자신과 가까운지 되고 싶은 모습에 가까운지에 대해서도 궁금해할 것이 없었다. 그들이 바라는 것은 이름에서 진짜 '나'가 솟구쳐 나오는 것뿐이었다.

이름이 정해진 불행과 처지를 달라지게 할 수 있는지 경험한 적은 없다. 운명이 등 뒤에 무엇을 숨기고 있는지 짐작한 적도. 그러나 삶을 사랑하는 법을 잊어버렸다고 느꼈을 때, 나는 비로소 삶이 말을 걸어 온다고 느꼈다. 용서하라고, 사랑하라고, 기지개를 켜라고, 숨을 크게 마시고 내쉬라고.

섬에서는 한때 '나'였으나 내 안에서 사라져가는 이름을 가만히 불러본다.

"너는 높고 아름다운 돌이야."

내 운명의 작은 신이 되고 싶은 마음으로.

La Vie En Rose

우리는 노랑 분위기를 사랑해

한 줄기 빛은
한 줄기 빛
발아가 이루어지면
한 포기 난초와
한 떨기 장미로 피어난다

우리는 분위기를 사랑해
엄습하는 것들을 사랑해

이 빛을 뭐라고 불러야 할까. 시인이 사랑한다 노래한 분위기의 뜻은 '지구를 둘러싸고 있는 기체'이다. 사람이나 사물, 공간성이 지닌 무엇의 느낌. 고대 그리스어로 해석하면, 어떤 대상이 그것을 느끼는 사람에게 와닿는 오묘한 숨결과 같은 것. 모아서 정리하면 '둘러싸여 와닿는 것'이겠다. 길가에 차를 세우고 듣는 음악, 고요한 밤 다시 보고 싶은 영화, 한 계절을 기대어 보내는 문장, 발길이 멈춰 서는 공간, 까만 돌 사이에 핀 보라색 들꽃, 덧없이 풍부한 구름, 달과 별 같은 것의 성분이 분위기다. 아름다운 것은 자기만의 고유한 빛을 지니고 있다.

섬의 밤은 온통 검은 빛이다. 마을 어귀의 굴거리나무, 빈틈없이 앉은 지붕들, 갈라지는 골목 가운데 당근밭도 색을 잃는다. 눈은 경계를 잃고 적막 속으로 번진다. 나는 불 꺼진 까만 집에 들어가는 게 싫어 현관을 노랑 조명으로 밝혀둔다. 그러면 열쇠로 문을 열면서도 둥근달의 표정을 한 애인이 서 있을 것만 같다. 노란색 조명은 촛불 같다. 영혼을 촉촉하게 하는, 숨긴 표정을 꺼내 들고 싶은. 아늑한 분위기 속으로 하루의 상념을 뭉근하게 녹이기 위해 주전자에 물을 끓인다.

차가 우러나길 기다리며 벽을 바라본다. 책상의 왼쪽 벽엔 편애하는 예술가들의 포토월이 있다. 모네의 수련, 소로야의 발렌시아 해변, 모딜리아니의 큰 모자를 쓴 잔느. 수련은 모네가 정원을 가꾸기 시작할 무렵부터 시력을 잃기 전까지의 모습이다. 모호하고 흐르는 듯한 빛의 인상이 담긴 색채. 그는 생에 걸쳐 분위기를 그리길 원한 사람이다. 나무 사이로 부서지는 구름, 물 위를 유영하는 햇살, 창문을 건너오는 그림자의 생기 같은. "벽지 문양의 밑그림만도 못한 막연한 인상에 불과하다." 당시 사실적이고 디테일한 회화가 주목받던 주류 미술 세계에서 그의 그림은 끔찍한 평가를 들었다. 모네는 답했다. "모두들 내 작품을 논하고 이해하는 척한다. 마치 이해해야만 하는 것처럼. 단순히 사랑하면 될 것을…" 단순히 사랑할 수 있는 그 분위기를 나는 사랑하지 않을 수 없다. 모네의 풍경들은 내가 묻힐 곳이다. 그리는 모든 아름다움이, 빛의 해사함과 그늘이 거기에 있다.

    나는 당신이 참을 수 없이 사로잡히는 분위기를 알고 싶다. 감탄이 입술로 터지고야 마는 인상들에 대해 알고 싶다. 당신의 서재에 꽂힌 책들과 모서리를 접은 페이지를 알고 싶다. 고독한 순간에 꺼내는 술잔에 대해 알고 싶다. 그런 소소한 광채들만 모아서 나는, 시를 짓고 싶다. 시인들은 누구보다 분위기를 사랑하는 종족이다. 분위기에 목숨 거는 사람들은 모두 노랑의 기원신앙을 타고난 게 아닐까. 셰익스피어도 한마디 거들어 줄 것이다. 우리는 꿈의 재료로 만들어졌다고.

(오은, 「아이디어」, 『우리는 분위기를 사랑해』 (2013), 문학동네

Shine Like a Sunlight

너무 아름다워서 너무 불안해서

L과 나는 두 뼘쯤 떨어져서 방파제를 따라 걸었다. 물고기를 유인하는 집어등(集魚燈)의 빛이 검은 수면 위로 빛났다. 가까운 빛은 오징어를 거두고, 먼 빛은 갈치 그물을 내릴 것이다. 휴가객들은 그 반짝임을 다른 별에 사는 종족처럼 구경하고 있었다. 낚시 의자에 앉아 맥주를 마시거나, 빨간 플라스틱 테이블에서 생선회를 먹기도 했다. 그때 나는 수면에 반사되는 빛이 너무 아름다워서 불안하다는 생각을 하고 있었다. 너무 아름다워서 너무 불안해서 대문은 잘 잠갔나처럼 시시한 말을 주고받아야 할 것 같았다.

"안전하게 사랑받지 못할까 봐 두려워."

나는 '안전하게'라고 말했다. 아무렇게나 잠들고 일어나고, 내키는 대로 먹고 마시고, 불쑥 산이나 물로 들어갈 거라고 그러나 안전하게 사랑할 거라고 했다. 사랑이 삶의 전부였고, 사랑하는 삶만이 의미 있는 삶이었고, 사랑하면서도 더 사랑해야 한다고 생각했다. 지금의 시간을 최선을 다해 사랑해 버린 후 더 이상

그럴 필요가 없는 다음 생을 살고 싶은 사람처럼 그랬다. 그렇게 사랑에 매달려 왔다. 그 매달림이 사랑을 지키기 위해서인지 나를 지키기 위해서인지는 모르겠다. 걱정하지 말라는 말, 기다려진다는 말, 보고 싶었다는 말… 이런 말들이 모인 안전한 세계가 있어 그곳에 나의 불안까지 의탁하고 싶었던 것 같다.

"그건 너의 결핍이야."

L의 목소리에는 어떤 엄격함이 배어있었다. 학사 4년, 석사 2년, 박사 6년… 문제를 찾아내는데 유능한 L에게 나의 사랑은 잘못된 풀이를 붙잡고 늘어지는 학생 같았을까. 삶의 크고 작은 문제를 맞닥뜨릴 때마다 확률과 수식으로 답을 구하는 그에게 결핍은 해결의 문제인지도 모른다.

"사람이 다른 사람의 결핍을 채울 수 있다고 생각해?"

얼음 잔을 만지는 L의 까맣고 긴 손가락이 서늘했다. 어느 날 L이 나를 생각하기 시작했을 때, 그의 마음속에는 작은 의구심도 생겨났다. L은 의구심을 해소하기 위해 내 마음을 들여다보고 싶어졌다. 그런데 그곳에는 마땅히 있어야 할 것이 무너져 있고 크고 작은 구멍이 있다는 걸 깨닫게 된다. L은 결핍이 사랑을 기대할 수 없게 만든다는 것을 이미 알고 있었다. 그리고 결핍이 드러나는 순간 서둘러 도망치거나 포기해 버리는 나는 해결의 의미가 없어진 사람이었다.

"글쎄 누군가를 사랑한다고 해서 내 결핍이 사라지지는 않겠지. 하지만 언제인가 내가 너의 결핍을 발견하게 됐을 때, 나는 그걸 모르는 척할 거야."

내가 파블로 네루다의 시를 읽으면 L은 막힘없는 해설을 할 것이다. 글렌 굴드가 1955년에 연주한 골드베르크 변주곡만 듣는 나에게 다른 버전을 설명해 주겠지. 또 내가 책 속에서 문장을 찾으면 그건 내 눈에 들어온 빛에 불과하다는 걸 말해줄 것이다. 그러나 L이 모르는 한 가지 사실이 있다. 우리는 잘 아는 사람이 아니라 모르는 사람에게 끌린다("는 것. 그러므로 사랑을 시작하는 연인들은 서로를 '모르는 척'해야 한다는 것. L의 지난 연애가 모두 석 달을 넘지 못했다는 걸 내가 알았을 때, 비바람이 불면 밤낮 없이 웅크리는 나를 L이 알았을 때, 우리가 서로의 결핍을 알았을 때 내려놓지 않고, 등 돌리지 않고, 모르는 척했더라면. 그랬다면 네 말이 덜 아플까.

L과 나는 테트라포드 위로 올라가 바람을 맞았다. 바닷바람의 습기에 옷 속에 갇혀버린 땀이 살갗을 간지럽혔다. 이 간지러운 감정은 어떻게 사랑이 되나? 사랑은 어디서부터 안전해지나? 안전이 지금보다 덜 나쁜 게 맞나? 사랑하려 애쓰는 삶이라는 것이 초라하게만 느껴졌다. 나는 모래사장에 내려설 때처럼 슬리퍼를 벗고 맨발로 섰다. 우둘투둘한 바닥을 딛고 서 있는 느낌은 모래를 밟는 그것과는 달랐다. 점점 빠져드는 무력감이 아닌 나라는 몸을 지고 있는 효능감. 나는 결핍에게 그런 힘이 필요하다고 생각했다. 나의 결핍을 '없음'이 아닌 '자유'로 느끼고 자유로운 사랑을 하는 힘이 필요하다고. 그 힘은 내게 무언가를 덧대는

것이 아니라 맨몸을 허락하는 시도에서 나왔다. 그 이유를 레비나스는 이렇게 말했다. '온전한 주체는 자신의 부족함을 결핍이 아닌 자유로 느끼고, 자유롭게 타자를 향해서 나아간다. 그것이 곧 사랑이다.'⁽⁽⁽

"우리가 어떻든 네가 다치지 않았으면 좋겠어."

내 발에 신발을 신겨주며 L이 말했다. 그 순간 그의 구부린 등 뒤로 불빛이 쏟아졌다. 작고 환하고 설명하기 어렵고 끝 모르는 반짝임들이. 너무 아름다워서 너무 불안해서 나는 시시한 말을 하고 싶어졌다. 단단히 묶인 신발 끈이 툭— 풀리는 것 같은 그런 말을.

"세계가 안전해진 것 같아."

(제주 전통가옥에는 대부분 대문이 없거나, 있어도 잠그지 않는다.
((이승우, 『사랑의 생애』(2017), 위즈덤하우스
(((에마누엘 레비나스, 강영안 옮김, 『시간과 타자』(1996), 문예출판사

Goldberg Variations, BMV 988

그저 기울이려 하는 것이라고

책을 읽을 때마다 알고 있지만 새삼스럽고 몰라서 기쁜 단어들이 고개를 내민다. 나는 그런 단어들을 모은다. 1,042개의 단어가 사전 앱에 저장되어 있는데 그중 하나를 꼽아야 한다면 '기울이다'를 고르겠다. 사전에서 찾아보면 '기울이다: 비스듬하게 한쪽을 낮추거나 삐뚤게 한다, 정성이나 노력 따위를 한곳으로 모은다.'라는 뜻이다. 사물의 모양이든 사람의 정신이든 한군데로 모인다는 점에서 나는 모닥불을 피우는 사람을 떠올린다. 바람을 등지고 서서 허리를 구부리고 불꽃을 피워올리는 사람. 우리는 그 불꽃에 둘러앉아 몸을 녹이다가 점점 서로를 향해 어깨가—그만 마음도—기울어질 것만 같다. 또 '기울이다'를 소리 내 말하면 '울'에서 목구멍이 울리면서 말의 뉘앙스가 따듯해지고 입술의 모양도 귀여워진다. 모름지기 귀여운 게 전부 아닌지.

단어를 모으는 일만큼이나 습관적인 건 차(茶)다. 저녁이 가지 않은 새벽이 오지 않은 밤. 색과 빛이 교차하는 시간에 나는 성수(聖水)처럼 거른 물을 끓인다. 향을 피우고 창틈으로 들어오는 바람에 향기가 번지면 찻잎을 우린다. 적당히 우러나길 기다리면서 음악을 트는 시간은 영화의 오프닝 타이틀 같다. 차를 마시면서 엔니오 모리꼬네(Ennio Morricone)의 지휘에 맞춰 그림책을 보고, 글렌 굴드(Glenn Herbert Gould)의 피아노에 시 몇 편, 쳇 베이커(Chet Baker)의 블루를 지나 김오키의 색소폰이 흐를 때까지 산문과 소설을 읽는다. 영화와 그림책, 바흐와 시, 천사의 목소리와 산문, 드레드 헤어와 소설 그 사이를 밑줄 그어가며 세상에 없는 별자리를 상상하기도 한다. 찻물이 묽어지고 다기가 식어갈 즈엔 나를 둘러싼 문장들로 시와 글을 짓는다. 마지막까지 엔딩 크레딧을 지키는 사람처럼.

새들이 날아가는 창가에선 백차를 마시고, 나른한 오후엔 보이 생차를, 당근케이크와는 홍차, 구름 낀 날엔 핸드드립을 마신다. 차가 좋은 이유에 대해서는 종일 재잘댈 수도 있지만 기울여야 하기 때문이다. 깨끗한 물을 거르고, 적당한 온도로 끓이고, 찻잎을 세차(洗茶)하고, 다기를 차례로 데우고, 차가 우러나는 때를 기다렸다가 마시기 좋게 거르고, 따르고, 점점 연해져서 제 몫을 다할 때까지… 다시 또다시. 기울이지 않은 차는 묽고 떫거나 식어버린다. 그 수고롭고도 겸허한 행위를 묵묵히 할 때 맑은 차 한 잔이 만들어진다. 그리고 그것은 슬픔의 폐허에서 자신을 건져 올리는 일처럼 여겨진다. 절망과 수치심을 정제하고, 지지와 연대로 영혼을 데우고, 회복할 수 있는 것과 없는 사실을 거르고, 일상의 경계선 안으로 점점 기울이는 일. 그 지난한 일을 반복하다 보면 문득 깨달아졌다.

'비우려고 하는(마시는) 거구나.'

어떤 밤에는 '슬픔'이란 단어가 차 맛에 뒤섞이기도 했다. 그럴 때면 찻잔을 비워내고, 새로 물을 끓이는 것이 내가 할 일이었다. 하얗고 얇은 개완을 꺼내 3월 첫순 보이차를 넣는다. 무구하고 연한 풀 향이 난다. 찻잔을 손끝으로 잡고 넘길 때 호로록- 소리가 나면 나는 마시기만 하는 사람이 아니라 듣기도 하는 사람이 되었다. 자기의 기도를 신보다 자기 자신이 가장 잘 듣듯이. 그러는 동안 밤은 옅어지고, 슬픔은 내가 잊지 않고 있는 사랑의 또 다른 뜻 같았다.

도스토옙스키는 「지하로부터의 수기」에 '세상이 지옥으로 떨어질지라도, 나는 언제나 차를 마시겠다.'라고 썼다. 누군가 내게 왜 그래야 하냐고 묻는다면 나는 그저 기울이려 하는 것이라고 하겠다. 바람을 등지고 서서 허리를 구부리고 서로를 향해 마음을 기울이려고. 그리하여 슬픔과 사랑 속에 있던 것들, 어떤 밤에 살아서 찰랑이는 것들을 함께 마시자고.

Shigeru Umebayashi

모든 질문이 슬픔으로 돌아가는 풍경

겨울밤. 느려지는 눈꺼풀을 하고 조명을 켠다. 노란빛을 태양처럼 쬐다가 동그랗게 웅크린 강아지의 등을 쓰다듬는다. 따뜻한 자스민차를 홀짝거리면서 천천히 오늘의 영화를 재생한다. 아름다운 배경 속에서 공들여 헤어지는 두 사람, 그 난처한 순간'을 바라본다. 국수 가게 골목을 지나는 장만옥과 소설을 쓰며 담배를 피우는 양조위에게 같은 배경음악이 흐르면, 나는 비밀을 가진 사람이 되었다.

    차우(양조위) : 옛날 사람들은 숨기고 싶은 비밀이 있을 때 어떻게 했는지 알아? 산에 가서 나무에 구멍을 낸 다음 거기다 비밀을 털어놓고 진흙으로 막았대. 그럼, 비밀은 영원히 그 나무에 갇히고 아무도 모르는 거야.''

음악이 커지고, 오래된 사원의 구멍에 비밀을 털어놓는 양조위의 뒷모습이 보인다. 가지런히 빗어넘긴 그의 머리칼은 아무엇도 무너지지 못하게 그를 지탱하고 있는 선 같다. 그 선들을 바라보면서 나도 구멍에 비밀을 털어놓는다. 견뎌야 했던 모욕, 가장 찬란했던 시절, 자꾸만 되돌아오는 불안… 사랑했던 너무나 사랑했던 마음. 모든 질문이 슬픔으로 돌아가는 풍경을 나는 진흙으로 덮는다.

    아무도 없는 사원에 여러 번 달이 뜨고, 음악은 계속되었다. 구멍에서는 식물이 자라고 있었다.

(왕가위, 〈화양연화〉, 2000. 왕가위는 자신의 영화에 내레이션을 반복적으로 사용한다. 내레이션은 현재에서 과거를 바라볼 때 가능하다. 이 책처럼. 화양연화는 이런 내레이션으로 시작한다. "난처한 순간이다. 여자는 수줍게 고개를 숙인 채 남자에게 다가올 기회를 주지만 남자는 다가설 용기가 없고 여자는 뒤돌아선 후 떠난다."
((왕가위, 〈화양연화〉, 2000. 차우가 아병과 식사하는 장면에서의 대사.

우리의 비밀은
불안도, 미움도, 슬픔조차도
아름다움으로 바꿀 수 있다는 거예요.

「2021년 4월 7일의 일기」

Playlist

어딘가 아름다운 기분 플레이리스트

당신들 모두 잠에서 깼을 때	Too Much Sunshine, CHS
고요하고 신중한 미움	Gangnam 478, Jung Sumin
숨어있기의 역사	Porz Goret, Yann Tiersen
마음을 집으로 데리고 가기	The Sheltering Sky, Ryuichi Sakamoto
기도가 시작되는 순간이에요	Love is a Mystery, Ludovico Einaudi
주머니에 숨겨둔 죽음	Stay, Chad Lawson
산타의 인형	Some Other Time, Bill Evans
넝쿨 식물의 편지	Ellipse, Alexandra Streliski
변덕스러운 진심	One Fine Spring Day, Cho Sungwoo
우짜이, 우짜이	Self-Portrait, Chin Sooyoung
여름의 복숭아를 좋아하세요…	Waltz For Debby, Bill Evans
땅으로 떨어져도 꽃은 꽃	Chaconne, YIRUMA
삶의 모든 돌담	Angel, Alexis Ffrench
이상하고 아름다운	Changing Wind, Alexandra Streliski
똑같은 재즈 연주는 없다 단 한 번뿐	Almost Blue, Chet Baker
비포 유 고(Before You Go)	A Waltz for a Night, Julie Delpy
내 이름의 작은 신	The Crisis, Ennio Morricone
우리는 노랑 분위기를 사랑해	La Vie En Rose, Louis Armstrong
너무 아름다워서 너무 불안해서	Shine Like a Sunlight, Kim Oki
그저 기울이려 하는 것이라고	Goldberg Variations, BMV 988, Glenn Gould
모든 질문이 슬픔으로 돌아가는 풍경	Yumeji's Theme, Shigeru Umebayashi

어딘가 아름다운 기분
ⓒ 우아민

1판 1쇄 2024년 3월 18일

발행 무니출판사
기획 이지민
저자 우아민

무니출판사
출판등록 2023년 11월 23일
제 559-2023-000035 호
메일 munibookss@gmail.com

이 책의 저작권은 저자와 무니출판사에 있습니다.
이 책 내용의 일부 또는 전부를 재사용하려면
양측의 동의를 받아야 합니다.

ISBN 979-11-985588-7-9 03810